ROLF KREMMING

VON STRASSENSTRICH BIS HONIGFALLE

Rolf Kremming, Jahrgang 1944, ist als freier Autor und Journalist in Berlin tätig. Bei seiner Arbeit beobachtet er gern sich und das Leben seiner Mitmenschen und schaut ihnen auf den Mund. Seine Reportagen erscheinen unter anderem im *Berliner Kurier.*

ROLF KREMMING

VON STRASSENSTRICH BIS HONIGFALLE

WAHRE GESCHICHTEN ÜBER PROSTITUTION IN DER DDR

BILD UND HEIMAT

Von Rolf Kremming liegt bei Bild und Heimat außerdem vor:
Der ewige Dagobert. *Große Fälle des Berliner Gerichts-psychiaters Werner Platz* (2020)

ISBN 978-3-95958-342-8

1. Auflage
© 2022 by BEBUG mbH / Bild und Heimat, Berlin
Umschlaggestaltung: Buchgut, Berlin
Umschlagabbildung: picture-alliance / ZB / Jan Bauer
Druck und Bindung: CPI Moravia Books s.r.o.

Ein Verlagsverzeichnis schicken wir Ihnen gern:
BEBUG mbH / Verlag Bild und Heimat
Axel-Springer-Straße 52
10969 Berlin
Tel. 030 / 206 109 – 0

www.bild-und-heimat.de

INHALT

VORWORT
VON FELICITAS SCHIROW

Als mir die Lektorin dieses Buches das Manuskript zu-
schickte und mich fragte, ob ich das Vorwort schreiben
könne, bat ich um zwei Wochen Bedenkzeit zum Lesen. Es
war ein Mittwochabend, als ich mit dem ersten Kapitel begann, und es war Donnerstagmorgen, als ich das Buch nach
dem letzten Kapitel wieder zuschlug. Vieles erinnerte mich
an meine eigene Zeit, vieles war mir neu, einiges erschreckte
mich auch. Als Verfechterin der freiwilligen Prostitution frage
ich mich, wie die Frauen sich wohl gefühlt haben, die im Auftrag der Stasi mit Männern ins Bett gehen mussten. Welche
Alternative hatten sie? Wenn sie nicht dem Ministerium für
Staatssicherheit gehorchten, drohten ihnen Knast und Weg-
nahme der Kinder durch den Staat als den größten Zuhälter.
Mich bewegten die anschaulich geschilderten Schicksale
von Frauen, die sich der politischen Gewalt beugen mussten.
Gut nachvollziehen konnte ich aber auch die Schicksale der-
jenigen, die es freiwillig taten, teils aus finanziellen Gründen,
teils aus Spaß am Sex und Erlebnishunger. Mal eben in einer
Nacht mehr verdienen als die ehrbare Nachbarin, hat auch
seinen Reiz!

Auch heute ist die Prostitution nicht nur aus einer Sicht zu
verstehen. Genau wie heute gab es damals Edelprostituierte,
nur hießen sie in der DDR »Honigfallen«, ein recht zutreffen-
der Begriff. Welcher Mann lässt sich nicht gern auf süße Art
verführen, greift in die Brieftasche, lässt sich ausgiebig verwöhnen und vergisst, dass er dafür bezahlt hat. Das macht
eine gute Prostituierte aus. Sie gibt dem Mann das Gefühl, er
sei der große Frauenverführer. Dabei ist er in den Händen

der Holden willenlos und vergisst, dass er verheiratet ist, plaudert auch mal vertrauensvoll Geheimnisse aus.

Keine Frau, die sich freiwillig für die Prostitution entscheidet, darf diskriminiert werden. Ich mag starke Frauen, die sich gegen Zwangsprostitution und Zuhälter wehren. Sie haben meine volle Unterstützung. Jede Frau, die sich aus Lust, ihre Sexualität auszuleben, Erlebnishunger und/oder aus finanziellen Gründen für den Sexberuf entscheidet, muss respektiert werden, so unterschiedlich die Motive auch sind. Vielleicht ist sie auch auf einen Zuhälter, oder Loddel, wie wir in meiner Jugend sagten, hereingefallen. Vielleicht war sie einfach naiv. Sie verdient mit ihrem Körper ihr Geld, wie viele andere, nur mit einem anderen Körperteil. Ist der Kunde zufrieden, gibt es moralisch an ihrer Tätigkeit nichts auszusetzen. Verwerflich verhält sich hingegen ein Partner, welcher der Prostituierten schöne Augen macht, eine gemeinsame Zukunft verspricht und sie dabei ausbeutet. Aber mal ehrlich: Gibt es das umgekehrt nicht auch schon seit Menschengedenken?

Meist ist es wohl eine Mischung aus allem. Die einen möchten sich einen Urlaub auf den Malediven leisten, andere ihre Wohnung schick einrichten oder ein tolles Cabrio fahren. Wer Prostitution moralisch nicht in Ordnung findet, sollte sie trotzdem respektieren. Wir alle kennen reichlich andere Tätigkeiten, die wir kritisch beäugen. Aber sie gehören zu unserer Gesellschaft, weil einfach auch ein Bedarf da ist.

Wen geht es etwas an, wenn sich zwei oder mehr Menschen einig sind, ohne dass jemand anderes dabei gestört wird oder Nachteile erleidet? Gerade Späteinsteigerinnen haben mir oft berichtet, der Sex für Geld sei ja auch nicht anders als der, den sie sonst immer hatten. Und dass sie dann noch zwei Scheine bekamen, machte einen gewissen Reiz aus. Auch ist es kein Zufall, dass Prostituierte oft aus pflegerischen und pädagogischen Berufen kommen. Die Gewissheit, jemand anderen glücklich gemacht zu haben, bringt ihnen selbst ein gutes Gefühl.

Die Idee, Hure zu werden, wurde beim heimlichen Lesen des Romans *Josefine Mutzenbacher* geboren. Ich stellte mir vor, wie ich mit relativ wenig Zeiteinsatz viel Geld verdienen würde. Aber einfach Hure werden, reizte mich nicht, nein, ich wollte, wenn ich schon am Rande der Gesellschaft lebte, auch die berühmteste Hure Deutschlands werden. In den siebziger Jahren gab es noch einen Straßenstrich auf der Kantstraße in Berlin-Charlottenburg. Ich war Schwesternschülerin im Paulinenkrankenhaus und sah dort immer auf dem Weg in die Disco eine »Bordsteinschwalbe« in einer Kaninchenfelljacke mit silbernen Nieten stehen. Genau so eine Jacke wünschte ich mir schon lange. Da dachte ich mir, bald kannst du dir auch solch eine Jacke leisten. Auf dem Weg in die damals angesagteste Disco *Sound* in der Genthiner Straße gab es einen weiteren Straßenstrich. Ich stieg immer Kurfürstenstraße aus und wurde regelmäßig angesprochen. Kein Wunder, so wie ich aussah, aufgetakelt bis zum Gehtnichtmehr! Es war die Zeit der Discomode, Glitzer und Glimmer, Plateausohle und superkurze Minis! Ich kannte niemanden, den ich fragen konnte, und hatte Riesenglück, dass ich keinen Ärger bekam. Schließlich war die Kurfürstenstraße schon damals der Drogenstrich, und wohl jede der Frauen hatte ihren Zuhälter, der für ein bestimmtes Gebiet zuständig war.

Als Anfängerin wusste ich nicht, dass der Freier vorher zahlen muss. Es ist wie mit dem Essen. Wer satt ist, denkt anders als einer, der noch Hunger hat. Nachdem mein erster Freier »satt« war, gab er mir die ausgemachten fünfzig Mark nicht. Mit anderen Worten, für mich war es eine Luftnummer.

Die Geschichten, oder besser gesagt, die Schicksale der Frauen im Buch haben mich bewegt. Es sind ähnliche Schicksale, die es auch heute gibt. Nicht jede Frau ist für diesen Job gemacht und einige gehen auch daran kaputt. Selbst Alkohol, Tabletten und harte Drogen können ihnen nicht helfen. Im Gegenteil, der Abstieg geht nur noch schneller. Deshalb ist Beratung und Hilfe wichtig. Doch es gibt auch gute Seiten an der Prostitution. Was sich Prostitutionsgegner nicht vorstellen können: Viele Frauen haben Spaß am Sex. Zum Beispiel die junge Frau, die bei mir im *Café Pssst!* arbeitete. Ich will sie Cindy nennen. Aus verständlichen Gründen möchte sie nicht erkannt werden. Sie mag Männer und sie mag Sex. Aber sie mag keine Beziehung mehr führen. Ihr Ex nörgelte und rechnete ihr vor, wie lange es schon zu Hause keinen Sex mehr gegeben hatte. Doch Cindy wollte nicht Tag für Tag Sex mit demselben Mann. Der Reiz war schon lange weg. Bei ihren Freiern, heute sagt man lieber »Gäste«, kam sie meistens zum Orgasmus und ging befriedigt nach Hause. So ganz nebenbei hatte sie auch noch das Geld für die Klassenfahrt ihrer Tochter verdient.

Das Kapitel über die Geschichte der Prostitution und dass es die käufliche Liebe schon immer gegeben hat, fand ich spannend; egal, ob man die Frauen Tempeldienerinnen, Hetären, Konkubinen, Liebesdienerinnen, Huren oder Nutten nannte. Wer glaubt, die Prostitution abschaffen zu müssen, lebt auf einem falschen Stern. Einseitige Argumente verhärten nur die Fronten und führen zu keinem Ergebnis.

Beim *Salon Kitty* musste ich schmunzeln. Auch ich habe dort als Achtzehnjährige angeschafft. Damals hieß das Bordell allerdings *Pension Florian* und ich war fasziniert von den Geschichten, die ich hörte. Es waren überwiegend Männer jenseits der siebzig, die dort verkehrten. Ich kann nicht sagen, dass ich mich körperlich zu diesen Männern hingezogen fühlte, aber sie waren sehr weise und erzählten von der Zeit, als die Gründerin des Bordells noch lebte, die berühmte Kitty.

Im Laufe meines Lebens habe ich viele einfühlsame und starke Frauen kennen- und schätzen gelernt. Studentinnen, die sich mit Männerbekanntschaften ihr Studium finanzierten, sexhungrige Ehefrauen und Frauen, die ihre Haushaltskasse aufbessern wollten oder mussten. Ich kenne ältere Frauen, die sich genau wie ich gern von älteren Männern buchen lassen, weil diese nicht das Gefühl haben wollen, mit ihrer Tochter ins Bett zu steigen. Und nach so einem bewegten Leben kann man die Stunden mit einem Freier auch wegen der Zweisamkeit, also des Austauschs von Zärtlichkeiten, und vor allem der gepflegten Gespräche genießen; selbst wenn der Sex mal nicht der beste ist. Das muss der Gast nicht wissen. Im Ehebett wird auch oft genug geflunkert.

Prostituierte sind Menschen wie du und ich. Und irgendwie prostituieren wir uns doch alle, oder?

Nach dem Lesen fragte ich mich, wie ich in der DDR reagiert hätte. Eine Antwort habe ich jedoch nicht gefunden ...

Zur Person: Felicitas Schirow, geborene Weigmann, fünfundsechzig, ist eine deutsche Prostituierte und Prostitutions-Aktivistin. Seit dem 1. Dezember 2000 gilt sie als streitbarste Hure Deutschlands. Sie gewann den Prozess gegen das Berliner Bezirksamt Wilmersdorf, das die Schließung ihrer (im Beamtendeutsch) »Anbahnungsgaststätte« »Café Pssst!« angeordnet hatte. Die Begründung des Verwaltungsgerichts: In der heutigen Zeit sei Prostitution, freiwillig ausgeübt und ohne kriminelles Umfeld, nicht mehr sittenwidrig. Das Urteil wird als Präzedenzfall betrachtet, es war 2002 entscheidend für Änderungen in der Strafgesetzgebung und sorgte für die Anerkennung der Prostitution als Beruf. Wer sich vorher wegen der Förderung der Prostitution strafbar gemacht hatte, weil er den Prostituierten ein angenehmes Umfeld geschaffen und womöglich noch Präservative ausgelegt hatte, der hat inzwischen die Pflicht, all das zu tun. Sonst riskiert er eine Geldbuße oder den Verlust der Konzession.

Das Zustandekommen des Prostituiertenschutzgesetzes von 2017, das Felicitas kritisch betrachtet, war dann das Ergebnis der Verhandlungen um geplante Änderungen und der Anerkennung der Prostitution als berufliche Tätigkeit. Zwei Jahre lang wollte man beobachten, wie sich die Lage entwickelt. Ihrer Meinung nach wurde versäumt, nach zwei Jahren des Beobachtens zu beurteilen, wie sich die Situation für die Prostituierten geändert hatte.

Felicitas Schirow kämpft, diskutiert und führt noch heute Streitgespräche in öffentlichen Veranstaltungen und Talkshows gegen die soziale Diskriminierung von Prostituierten, für die Anerkennung als berufliche Tätigkeit und ihre soziale Absicherung. Seit der Schließung des »Café Pssst!« Ende 2015 arbeitet sie selbst auch wieder als Prostituierte.

DIE KUNST DER KÄUFLICHEN LIEBEN
ZUR GESCHICHTE DER PROSTITUTION

Ein Buch über die Prostitution in der DDR zu schreiben, bedeutet, sich mit der Geschichte der käuflichen Liebe im Allgemeinen zu beschäftigen. Es heißt, die Prostitution wäre so alt wie die Menschheit, das älteste Gewerbe der Welt. Doch ob der keulenschwingende Neandertaler-Mann für Sex eine Gegenleistung bot, bleibt im Dunkel der Wissenschaft verborgen. Ob sich Fred Feuerstein mit seinem berühmten Ausruf »Yabba Dabba Doo« auf eine Hure stürzte und Ehefrau Wilma betrog, ist ebenfalls nicht bekannt. Doch Ausgrabungen und alte Schriften zeigen, wie und wo sich das älteste Gewerbe der Welt von der Antike bis heute entwickelt hat.

Griechenland gilt als Land der Philosophen, der Weisen und Gelehrten. Aber auch als das Land, in dem die freie Liebe und der Sex einen hohen Stellenwert besaßen. Männer mit Männern, Männer mit Frauen. Die Gesellschaft war nicht prüde, Hauptsache es machte Spaß und man konnte es sich finanziell auch leisten. Das Einzige, was Moral und Anstand verlangten: kein Sex mit einer Prostituierten im Hause der Ehefrau, Mutter oder Schwester. Es sind Fälle überliefert, in denen sich Frauen scheiden ließen mit der Begründung, ihr Gatte habe nicht genügend Diskretion gewahrt.

Die Mehrzahl griechischer Prostituierter arbeitete in Athen. Der Hafen Piräus mit seinen sexuell ausgehungerten Seeleuten war ein heißes und begehrtes Pflaster zum Geldverdienen. Straßendirnen an jeder Ecke. Willige Frauen in jeder Schänke. Aufreizende Frauen vor jeder Herberge. Es gab sogar Sklavinnen in staatseigenen Bordellen. Ein Stündchen Entspannung war billig und moralische Vorbehalte gab es keine. Man(n) tat nichts im Geheimen und nicht selten besuchten Männer gemeinsam ein Bordell. Allerdings machten sich Männer, die allzu häufig ein Hurenhaus besuchten, zum Gespött ihrer Freunde.

Die Geschichte von Neaira, einer käuflichen Frau aus dem 4. Jahrhundert v. u. Z., unterscheidet sich lediglich durch ihren griechischen Namen von dem, was heute als Edelhure bezeichnet wird. Als die Bordellwirtin Nikarete aus Korinth sie zum ersten Mal sah, wusste sie: *Dieses Kind wird der Star in meinem Bordell.* Sie kaufte Neaira, gab sie ab sofort als ihre Tochter aus und bildete das zierliche Mädchen mit den kleinen Brüsten zur Hetäre aus. In den Überlieferungen des Athener Redners Apollodoros heißt es, dass sie bereits vor ihrer Pubertät von ihrer angeblichen Mutter vermarktet wurde.

Sie lernte den richtigen Umgang mit Männern, deren Lüste zu befriedigen, und ihre »Mutter« unterrichtete sie in den unterschiedlichsten Sexpraktiken. Sie lernte ihren Körper zu pflegen, das sorgfältige Schminken und das Parfümieren an den richtigen Stellen. Sie lernte schnell und bald war sie die berühmteste Hetäre Korinths. Im Gegensatz zu den meisten griechischen Frauen damals war sie gebildet und konnte ihre Kunden, die zum großen Teil der reichen Oberschicht entstammten und Politiker, Sportler, Dichter oder Philosophen waren, nicht nur sexuell, sondern auch geistig befriedigen. Waren Straßenmädchen für den schnellen Sex zuständig, entstanden zwischen einigen Männern und Hetären auch längerfristige Beziehungen. Doch der Umgang mit den Damen war recht teuer und nur die Reichen konnten sich ein solches Vergnügen auf Dauer leisten. Deshalb beschlossen zwei von Neairas Freiern, sie zu kaufen. Schließlich wäre das billiger, als für jedes Treffen einzeln zu bezahlen. Für dreitausend Drachmen, das fünffache Jahreseinkommen eines Arbeiters, wechselte Neaira von der Bordellwirtin zu den beiden Männern. Als diese heiraten wollten, kaufte sie sich für zweitausend Drachmen frei. Das Geld lieh ihr Phrynion, ein Lebemann aus Athen, dem sie sich anschloss und den sie regelmäßig zu seinen Ausschweifungen begleiten musste. Einmal praktizierten sie sogar öffentlichen Geschlechtsverkehr, der viel Aufregung erzeugte und sich wie ein Lauffeuer in der Stadt verbreitete. Während eines Festes betrank sich Neaira so stark, dass sie nicht mehr wusste, was sie tat. Es heißt, sie wäre von einem Dutzend Männern vergewaltigt worden. Aus Wut darüber, dass ihr Liebhaber sie nicht beschützt hatte, verließ sie Phrynion bei Nacht und Nebel und stahl kostbare Vasen und Schmuck.

Etwa zur selben Zeit lebten zwei weitere berühmte Hetären. Die sanfte Lais von Korinth und Phryne, »Kröte«, die den Namen ihrer olivfarbenen Haut verdankte. Über Lais ist bekannt, dass der Lohn, den sie für ihre sexuellen Gefälligkeiten verlangte, bereits in ihrer Anfangszeit zehntausend Drachmen betrug. Doch ihre Vorzüge rechtfertigten diesen hohen Preis. Sie war außerordentlich schön, ihre Liebhaber schwärmten von ihren anschmiegsamen, weichen Brüsten und von einer Haut wie Milch und Honig. Die Männer liebten den Rhythmus ihres Körpers, der sich beim Liebesspiel dem eigenen anpasste, und bewunderten ihr Geschlecht, das weder zu eng noch zu weit war. Doch sie war nicht nur wegen ihrer Schönheit berühmt, sondern auch wegen ihrer Bildung und ihres Charmes. Von vielen ihrer Liebhaber wurde sie nicht nur bezahlt, sondern zusätzlich auch reichlich beschenkt, so dass sie bald ein eigenes Haus und wertvolle Möbel besaß. Nur ein Mann durfte sie unentgeltlich lieben. Der Philosoph Diogenes. Als ihre Schönheit im Alter verblasste, tröstete sie sich mit dem Alkohol und starb einsam und verarmt.

Phryne kam in Thespia am Fuße des Berges Helikon zur Welt. Zunächst arbeitete sie als Kapernhändlerin, gelangte aber 371 v. u. Z. nach Athen, wo sie aufgrund ihres schönen Körpers bald zur Hure wurde und viel Geld verdiente. Ihr Vermögen erlaubte es ihr, zurückhaltend zu leben, keine öffentlichen Bäder zu besuchen, keine Schminke zu verwenden und lange, geschlossene Gewänder zu tragen. Durch ihren Reichtum wollte sie sich ein Denkmal für die Ewigkeit setzen. Sie bot an, das durch Alexander den Großen zerstörte Theben auf ihre Kosten wieder aufzubauen. Doch wegen ihrer Forderung, die Inschrift »Alexander hat sie zerstört, die Hetäre Phryne wieder aufgebaut« anzubringen, wurde ihr Vorschlag abgelehnt. Legendenumwoben ist ihr Auftritt vor dem Areopag. Als ihr wegen Frevel gegen die Götter eine Verurteilung drohte, soll sie ihren Busen entblößt haben und die Richter sprachen sie frei, weil sie glaubten, dass Aphrodite persönlich vor ihnen stünde.

Was den Griechen recht, war den Römern billig. Auch sie huldigten der Prostitution. Nicht nur Neros Gelage sind überliefert, auch die der einfachen Bürger. Von günstig bis teuer, das Angebot war groß. An den Ausfallstraßen vor den Stadttoren neben den Friedhöfen boten sich Frauen der Unterschicht für die Unterschicht an. »Gräberdirnen« wurden sie genannt. Es waren Frauen, von denen man behauptete, sie würden es mit den Totengräbern auf dem Friedhof treiben. Ihre Verruchtheit zog die Freier ebenso an wie der geringe Liebeslohn, den sie forderten.

Was heute Internet, Zeitungsanzeigen und das Fernsehen für die Werbung bedeuten, waren im Römischen Reich die Wandmalereien. Um Freier anzulocken, wurde offensiv um sie geworben. Erotische Malereien mit unterschiedlichen Stellungen, Phallussymbole als Türöffner und Reliefs weiblicher Geschlechtsteile lockten die Kunden in die Häuser der Lust. Graffiti an den Mauern zeigten, wie auf einer Speisenkarte, das Angebot des jeweiligen Etablissements an. Einige Dirnen warteten mit nackten Brüsten auf der Straße und zeigten in natura, was sie anzubieten hatten. Anfassen war erlaubt, es steigerte Neugier und Verlangen. Dirnen ohne Schamhaar standen hoch im Kurs und boten in aller Pracht ihren Venushügel an. Die Männer sollten sehen, was zwischen den Schenkeln auf sie wartete.

Als Königsdisziplin galt damals der Oralverkehr. Eine Praxis, die ein römischer Mann seiner Ehefrau nicht zumuten wollte. Graffiti von Frauen, die vor einem Mann knien und sein Glied zwischen den Lippen halten, lockten neugierige Männer ins Bordell. Sparsame Freier taten sich zusammen und teilten sich die Gunst der Frau, wie zahlreiche Wandmalereien aus Pompeji beweisen.

Eine besonders raffinierte Art der Kundenwerbung war das Hinterlassen von Fußabdrücken von präparierten Schuhsohlen mit erotischen Motiven, die den Männern signalisierten, ihnen bitte doch zu folgen. Eine andere Art Werbung war in den Abendstunden auf Roms Straßen zu sehen. Männer, die durch die Gassen liefen und Gutscheine verteilten. Für einen Zirkusbesuch, für eine Handvoll Getreide oder für einen Bordellbesuch mit aufgemalten Sexstellungen und aktuellen Preisen.

Reiche Bürger und Senatoren ließen sich Kurtisanen in ihre Villen bringen. Ebenso Tänzerinnen, Musikerinnen und Sängerinnen, die nach ihrem künstlerischen Auftritt auch sexuelle Gefälligkeiten anboten. So wurde aus manchem Geigenspiel ein fröhliches Gefiedel im Bett und der Gesang zum Blaskonzert.

Die in der Oberschicht beliebten Kurtisanen ließen sich, genau wie die griechischen Hetären, auf längere Beziehungen mit nur einem Mann ein. Was auf Neudeutsch unter »Sugardaddy« läuft, war auch damals schon bekannt. Viele *amicae* teilten das Bett einiger bedeutender Männer wie Scipio dem Jüngeren, Pompeius und Marcus Antonius.

Im Mittelalter wurde die Versorgung der Frau durch die Familie oder durch Heirat gesichert. War sie ledig oder hatte keine Verwandten mehr, blieben ihr nur zwei Überlebenschancen: Bettelei oder Prostitution. Nicht selten zogen Prostituierte deshalb ihre eigenen Töchter zur Dirne heran, um sie für sich arbeiten zu lassen und im Alter ein gesichertes Auskommen zu haben.

Die Prostitution war im Mittelalter zwar gestattet, doch Huren wurden von den meisten Bürgern verachtet, weil ihre Existenz der Fleischeslust galt. Sex wurde zwischen Unrat und herumlaufenden Ratten im Freien praktiziert oder in mit

Ungeziefer verseuchten Betten. In vielen Städten durften die Frauen nur außerhalb der Stadtmauer ihrem Gewebe nachgehen. Um das stundenlange Stehen auf dem nassen Boden erträglich zu machen, trugen sie »Stelzenschuhe«, aus denen sich im Laufe der Jahre die heute so beliebten High Heels entwickelten.

Zum Schutz von Jung- und Ehefrauen und sonstigen »ehrbaren« Frauen hatten Prostituierte die Pflicht, sich zu kennzeichnen. Deshalb war die Kleidung der Huren des 14. und 15. Jahrhunderts bunt und von weitem gut sichtbar. In Leipzig mussten Dirnen ein gelbes Tuch an ihre Kleidung nähen.

Da in Deutschland erst im Spätmittelalter die ersten öffentlichen Bordelle entstanden, waren Badestuben der Treffpunkt für Freier und Huren. In einem lateinischen Gedicht von um dreizehnhundert wird der Besuch einer solchen Badestube in Erfurt genussvoll beschrieben. »›Hübsche Jungfräulein‹ badeten den Ankommenden und massierten ihn. Trat er aus dem Bade, so kam ein freundlicher Barbier und rasierte, dann legte sich der Gast auf ein Ruhebett, und wieder trat ein hübsches Fräulein ein und kämmte und kräuselte ihm die Haare.«

Soldatendirnen zogen mit dem Heer übers Land, oft war der Hurentross größer als die Armee. Angefangen von der Mätresse des Obersts bis hin zu den zahlreichen jungen Frauen für die kämpfende Truppe.

Es war auch die Zeit der Wanderhuren, die durchs Land reisten und überall ihre Dienste anboten. Einige von ihnen erkannten schon früh die sexuellen Bedürfnisse der Kaufleute, die sich in den Messestädten Frankfurt am Main und Leipzig trafen und Geschäfte machten. Liefen die Geschäfte gut, floss der Wein in Strömen und Huren versüßten ihnen den Erfolg. Liefen sie schlecht, ertränkten die Kaufleute ihren Frust im Alkohol und ließen sich von Huren trösten.

Die ersten »Meßhuren« trafen meist zeitgleich mit den Kaufleuten ein. In dem Buch *Leipzig im Taumel* (1799) heißt es: »Ich komme auf ein Hauptprodukt, das ganz vorzüglich die Leipziger Messen verschönert, auf die Legion in- und auslän-

discher, schöner und minder schöner, geputzter und zerris-
sener, parfümierter und barfüßiger, reiner und angesteckter
Freudenmädchen, welche alle nach Standes Gebühr und
Würden sich bemühen, junge und alte Wollüstlinge in ihre
Venuswinkel einzuladen. Die meisten derselben kommen aus
unserem lieben Berlin, aus Dresden, Frankfurth, Dessau,
Halle, Jena, kurz aus allen Theilen der Welt…« Suchte ein An-
gereister ein sexuelles Abenteuer, erhielt er den Rat: »Offen-
bare dich deinem Friseur, der wird dir schon was zuführen.«
Und der Weg zu einer Dirne war oft nicht weit. Viele Friseure
schnitten nicht nur Haare oder rasierten den Bart. In ihren
Hinterzimmern warteten oft Damen mit raffinierten Massa-
gekünsten. Allroundbedienung von Kopf bis Fuß.

Auch Gastwirte und Hausknechte dienten mit Adresslis-
ten schöner Frauen, die zum Zweck der Hurerei in der Stadt
weilten, fuhren ihre Gäste zum Liebesnest und warteten.

Finanziell gut gestellte Dirnen machten Postkutschen zu
fahrenden Bordellen. Die meist gebildeten Frauen suchten
ihre Freier in mondänen Bädern, saßen in den Kaffeehäu-
sern, lasen Zeitung und flirteten mit alleinstehenden Herren
an den Nachbartischen. War man sich einig, ließ sich Paar
von einem Postillion durch die Gegend fahren. Wobei das
Pärchen hinter den zugezogenen Vorhängen wenig von der
Landschaft sah. In einer Reisebeschreibung aus dem Jahr
1817 heißt es, dass eine Postdirne regelmäßig zwischen
Darmstadt und Heidelberg hin- und herfahre und sich für
Geld den Reisenden hingebe.

Pfiffige Droschkenkutscher stellten gegen ein Entgelt ihr
Fahrzeug gern für ein Stelldichein zur Verfügung. »Porzellan-
kutscher« wurden sie genannt, weil sie so langsam fuhren, als
hätten sie Porzellan geladen.

Zu Beginn des 19. Jahrhunderts wurden in Preußen staatlich
überwachte Bordelle zugelassen. Die Berliner Regierung
ließ zweiundfünfzig Etablissements an der Klosterstraße als
Bordelle zu, die in der zweiten Hälfte des Jahrhunderts aber
wieder abgerissen wurden, weil die Prostitution verboten

wurde. Doch der Erfolg war mäßig. Was vorher in den Häusern geschah, zeigte sich jetzt in aller Öffentlichkeit. Die Straßenprostitution blühte und die Zahl der leichten Mädchen in Berlin stieg ständig. Die Not war groß und Anfang des 20. Jahrhunderts boten fünfzigtausend Huren ihren Körper an. Vom billigen Sex für ein oder zwei Mark hinter dem Schlesischen Bahnhof bis zu teureren Liebesdiensten für zwanzig Reichsmark in der vornehmen Friedrichstraße. In einem Zeitungsbericht heißt es: »Auf der Jungfernbrücke bieten sich bereits bei Sonnenaufgang zahlreiche Mädchen mit flotten Sprüchen an.«

Es folgte die Doppelmoral der Nazis, die, ebenso wie später die SED, die Prostitution zwar verboten, doch für ihre Zwecke nutzten. Prostituierte galten als asoziale Elemente, die von der Straße mussten und ins Gefängnis oder Arbeitslager gehörten. Doch Ausnahmen fanden sich immer. Da war zum Beispiel Kätchen Emma Sophie Schmidt, gelernte Klavierlehrerin, die den Braunen gut ins Konzept passte. Der Sicherheitsdienst des Reichsführers SS verpflichtete sie, ihren *Salon Kitty* in Berlin-Charlottenburg dem Geheimdienst zur Verfügung zu stellen. Alle Räume des Bordells wurden verwanzt, Mikrofone hinter durchsichtigen Spiegeln, in den Badezimmern und unter den Betten platziert. Man filmte aus Vasen heraus und von den Deckenlampen in den Schlafzimmern. Die Sicherheitspolizei suchte gezielt nach »Frauen und Mädchen, die intelligent, mehrsprachig, nationalistisch gesinnt und mannstoll« waren. Die Frauen wussten, was zu tun war, wussten, dass Sex und Alkohol die Zungen ihrer Freier lockerten. Mit ihrem Körpereinsatz sollten sie Regimefeinde enttarnen, aber auch SS-Funktionäre auf ihre Regimetreue testen.

Um dem Salon einen exklusiven Rahmen zu geben, waren nie mehr als acht bis zehn Mädchen anwesend. Darüber hinaus gab es Fotoalben mit Bildern von Prostituierten, die auf Abruf zur Verfügung standen und innerhalb einer halben Stunde in den Club kamen. Doch nicht nur die leichten Mädchen dienten hier dem Staat. Auch Hausangestellte und Kellner waren ausgebildete Geheimagenten, die ihre Ohren und Augen überall hatten.

Regelmäßige Gäste in Heydrichs geheimen Betten waren der Chef von Hitlers Leibstandarte Sepp Dietrich, Reichsaußenminister von Ribbentrop und NSDAP-Reichsorganisationsleiter Robert Ley. Auch der italienische Außenminister und Schwiegersohn Mussolinis Galeazzo Ciano war regelmäßiger Gast bei Kittys Frauen. Gegenüber seinem Dolmetscher äußerte er: »Heydrich muss sehr dumm sein, wenn er glaubt, dass ich nicht von seinen Herren im Nebenzimmer weiß. Er sollte die Mikrofone nicht gerade unter den Kopfkissen verstecken.«

Die letzten Bomben waren gefallen, hatten Angst, Schrecken und Tod gebracht. Berlin, Dresden, Leipzig und ganze Landstriche lagen in Schutt und Asche. 5 533 000 deutsche Soldaten waren im Krieg umgekommen, ließen Kinder ohne Väter, Frauen ohne Ernährer und auf sich allein gestellt zurück. Auf den Schwarzmärkten Deutschlands wurde getauscht, gekauft und gehandelt. Den Anzug des in Russland gefallenen Sohnes gegen ein Huhn. Die Schuhe des toten Ehemanns gegen eine Schachtel Zigaretten. Was nicht mehr gebraucht wurde, ging für Nützliches weg.

Hunger beherrschte die Gesellschaft und ein knurrender Magen siegte oft über die Moral. In Deutschland lebten sieben Millionen Frauen mehr, als es Männer gab. Trümmerfrauen klopften nicht nur Steine und räumten Schutt zur Seite. Einige wurden nach Einbruch der Dunkelheit oftmals zu Teilzeitprostituierten. Sex gegen harte Dollar, um die Kinder zu ernähren. Verkaufte Liebe für ein Paar Nylonstrümpfe, für ein Pfund Kaffee oder für eine Schachtel Lucky Strike. Reichtum wurde am Besitz von Zigaretten gemessen, und die Bereitschaft, sich auf ein schnelles sexuelles Abenteuer einzulassen, erleichterte manchen Frauen das Überleben. Russen vergewaltigten, die Alliierten in Westdeutschland dagegen waren beliebt. Einige heirateten, andere wurden schwanger und viele Väter verschwanden in Richtung Texas, Paris oder London. Es war keine gute Zeit, so kurz nach dem Krieg.

Die Straßenprostitution blühte und war nicht zu übersehen. Im zerstörten Berlin boten sich die Frauen in Hauseingängen, auf zerbombten Hinterhöfen und an Straßenecken an. Man liebte sich in kalten Wohnungen, in einer Absteige oder auf der eigenen Matratze. Im Hurentreffpunkt *Mulackritze*, in der Mulackstraße 15, konnten sich Dirnen und Stricher für eine halbe Stunde ein Bett im Haus mieten. Charlotte von Mahlsdorf schreibt in ihren Memoiren: »Zwei Betten standen rechts und links vom Fenster, darunter ein kleiner Tisch, links von der Tür ein kleiner Kanonenofen, daneben noch eine Chaiselongue ... ›Det war die Hurenstube. Immer in Betrieb. Unten dat Geschäftliche besprochen, schnell hoch, auf'n halbes Stündchen, manche haben det ooch in zehn Minuten gemacht.«

1951 wurde die *Ritze* dicht gemacht und 1964 abgerissen. Mit dem Handkarren transportierte Charlotte von Mahlsdorf die Möbel von Berlin-Mitte nach Mahlsdorf und baute die Hurenstube originalgetreu im Gründerzeitmuseum wieder auf.

Es war der 7. Oktober 1949, als viereinhalb Monate nach der Gründung der Bundesrepublik die DDR entstand. Das geteilte Deutschland war geboren. Zwei Staaten, wie sie unterschiedlicher nicht sein konnten. Nur auf einem Gebiet waren die Unterschiede kaum sichtbar. Käuflichen Sex gab es in beiden Staaten. Der Straßenstrich in Ostberlin war auch für viele Westberliner ein Anlaufpunkt für eine schnelle Nummer im Auto, bezahlt mit Ostgeld, schwarz umgetauscht, war es ein billiges Vergnügen. Doch obwohl bis 1968 nicht verboten, passte die Prostitution nicht ins sozialistische Weltbild der Ulbricht-Regierung. Die DDR, moralisch überlegen, wollte anders sein als der sündige Westen. Sex gegen Geld war ein Monster des Kapitalismus und verstieß gegen das sozialistische Frauenbild. Doch selbst nach dem Verbot der

Prostitution am 12. Januar 1968 blühte sie im Geheimen nicht nur weiter, sondern wurde bald vom Ministerium für Staatssicherheit (MfS) bewusst eingesetzt. Auf der Leipziger Messe schliefen sich »Mielkes Jungfrauen« zielgerichtet mit Wirtschaftsbossen aus dem nichtsozialistischen Ausland durch die Betten oder brachten hochrangige westdeutsche Politiker zum Reden. Champagner, Sex und attraktive Frauen schalteten manchem Mann den Verstand aus und öffneten stattdessen seine Hose.

August Bebel schrieb im zwölften Kapitel seines Buches *Die Frau und der Sozialismus*: »Die Ehe stellt die eine Seite des Geschlechtslebens der bürgerlichen Welt dar, die Prostitution die andere ... Findet die Männerwelt in der Ehe keine Befriedigung, so sucht sie dieselbe in der Regel bei der Prostitution ... Daß die Frau die gleichen Triebe hat wie der Mann, ja, daß diese in gewissen Zeiten ihres Lebens sich heftiger als sonst geltend machen, beirrt sie nicht ... Durch nichts kann drastischer, aber auch in empörenderer Weise die Abhängigkeit der Frau von dem Manne dargetan werden, als durch diese grundverschiedene Auffassung und Beurteilung der Befriedigung desselben Naturtriebs ... *Die Prostitution wird also zu einer notwendigen sozialen Institution für die bürgerliche Gesellschaft, ebenso wie Polizei, stehendes Heer, Kirche, Unternehmerschaft* ... Keinem der Genannten kommt der Gedanke, daß durch eine andere gesellschaftliche Ordnung die Ursachen für die Prostitution verschwinden könnten ...«

Ähnlich sah es auch der Leipziger Polizeiarzt Dr. Julius Kühn. 1892 schrieb er: Die Prostitution ist ein nicht nur zu duldendes, *sondern ein notwendiges Übel,* denn sie schützt die Weiber vor Untreue und die Tugend vor Angriffen und somit vor dem Falle.«

Auch wenn heute diese Ansichten als veraltet gelten und uns schmunzeln lassen; in der DDR wurde ein Familienbild geprägt, in dem die Prostitution keinen Platz hatte.

»Unsere DDR ist ein sauberer Staat. In ihr gibt es unverrückbare Maßstäbe der Ethik und Moral, für Anstand und gute Sitte«, erklärte Erich Honecker 1965 in seiner »Kahlschlag«-Rede auf dem 11. Plenum des Zentralkomitees der SED. Drei Jahre darauf folgte auch das Verbot der Prostitution nach Paragraf 249 des Strafgesetzbuchs, im Volksmund »Asozialenparagraf« genannt. Eine sozialistische Frau hat nicht zu viel Spaß an Sex und prostituiert sich nur dann, wenn es dem Staat nützt. So könnte man den Umgang der DDR mit Prostitution beschreiben.

Die Duldung der Prostitution war kein Geheimnis. Fast jeder DDR-Bürger kannte eine Frau im Bekanntenkreis oder auf der Arbeitsstelle, die nebenbei in den Devisenhotels als Prostituierte arbeitete. Einige von ihnen dienten auch der Stasi als Inoffizielle Mitarbeiterin (IM). Voraussetzung für die Sexarbeiterinnen im Auftrag des MfS war: Sie mussten jung, attraktiv, unverheiratet und gebildet sein, keine Kinder haben, über Fremdsprachenkenntnisse verfügen und dem Staat treu ergeben sein.

Die Orte in Ostberlin, die regelmäßig von Prostituierten und Westfreiern zur Anbahnung besucht wurden, waren die Interhotels *Palasthotel*, *Stadt Berlin* und *Metropol*, in den achtziger Jahren die Diskothek *Yucca-Bar* oder die *Alibi-Bar* am Senefelderplatz. Neugier, Abenteuerlust und Westgeld reizte viele Frauen, sich zu verkaufen.

Vierhundertneunundneunzig Diplomarbeiten haben MfS-Mitarbeiter an der Humboldt-Universität zu Berlin verfasst. Im Landesarchiv Berlin fand ich eine Arbeit von zwei MfS-Mitarbeitern an der Sektion Kriminalistik. Sie schrieben über gefährdete Bürger in der DDR im Hinblick auf den Paragrafen 249. Aus den Gesprächen mit den Gefährdeten zogen sie den Schluss: Wer keiner geregelten Arbeit nachgehe (Fehlgeleitete), sollte so früh wie möglich beeinflusst werden, um denjenigen wieder in die Gesellschaft zu integrieren. In Zusammenarbeit mit der Abteilung Innere Angelegenheiten führte die HU auch mehrere Studien durch. Eine Soziologiestudentin kam nach Befragungen von hundertfünfzig Personen zu dem Ergebnis, dass dreiundsechzig Prozent von ihnen gegen die verordneten Auflagen des Betreuungsprogramms verstießen. Sie nahmen keine Tätigkeit auf, tranken zu viel Alkohol, kamen zu spät oder fehlten unentschuldigt von der Arbeit.

Im Westteil der geteilten Stadt entwickelte sich die Prostitution im Laufe der Jahre zu einem eigenen Wirtschaftszweig. Zuhälter übernahmen den Strich und die Bordelle. Frauen auf der Kurfürstenstraße mussten Standgebühren von bis zu hundert D-Mark zahlen. Zehn Schritte nach links. Zehn Schritte nach rechts. Beim elften Schritt gab es Ärger. Berlins Luden ordneten Geschäftszeiten an. Im Sommer von zwanzig Uhr bis der letzte Freier bedient war. Im Winter ging der »Betrieb« eine Stunde später los.

In den siebziger Jahren überschwemmten harte Drogen Westberlin und veränderten die Szene. Zwangsprostitution und Drogenhandel lagen oft in einer Hand. In Bordellen wurden Speed, Kokain, Heroin und andere bunte Pillen vertickt. Am Bahnhof Zoo schlichen minderjährige Stricher herum und ließen sich auf öffentlichen Toiletten von älteren Männer vernaschen. Auf der Kurfürstenstraße entstand der Drogenstrich. Frauen, die für zehn Mark Oralverkehr oder Handentspannung boten, nur um ihren nächsten Schuss zu finanzieren. Es war dies die Zeit von Christiane F., ihrer Drogenabhängigkeit und dem Babystrich, auf dem sie schon als Vierzehnjährige anschaffen ging. Durch ihr Buch *Wir Kinder vom Bahnhof Zoo* bekam die breite Öffentlichkeit erstmals Einblick in die Westberliner Drogen- und Prostitutionsszene von Kindern und Jugendlichen.

Nach der Wiedervereinigung wurde die Prostitution im gesamten Stadtgebiet legal. Mit dem Ende des Kalten Kriegs reisten Frauen aus Osteuropa zum Anschaffen nach Berlin an. Die meisten von ihnen »verkehrten« hier nicht freiwillig. Die osteuropäischen Prostituierten und ihre Zuhälter mischten den Markt mit Dumpingpreisen auf. Die Zeit der deutschen Zuhälter ging zu Ende.

AUS DEM LEBEN EINER HOBBYHURE
CAROLA AUS PRENZLAUER BERG

In der DDR gab es viele Möglichkeiten, mit Sex Geld zu verdienen. Tippeln auf dem Straßenstrich oder in den weichen Betten der Interhotels, aber auch privat in der eigenen Wohnung. Die einen taten es freiwillig, die anderen prostituierten sich für das MfS aus Angst vor Strafe. Einige taten es aus Neugier und Abenteuerlust, andere aus Spaß am Sex.

Carola, zwanzig Jahre alt, wurde aus Liebeskummer zur Hure. Ich lernte sie durch einen Bekannten kennen, der sie nach der Wende in einem Westberliner Bordell traf und noch heute mit ihr befreundet ist. Sie wollte sich nicht mit mir treffen, war aber bereit, mir ihre Geschichte am Telefon zu erzählen. Ich sagte ihr Anonymität zu und auch, ihren Namen vollständig zu verändern. Mein Bekannter gab ihr meine Telefonnummer und sie rief mich mit unterdrückter Nummer an. Sie hatte eine angenehme Stimme, lachte viel und meinte, sie bereue nichts. Sie bat mich, ihr einfach nur zuzuhören, keine Fragen zu stellen und sie nicht zu unterbrechen. Ich machte es mir auf dem Sofa bequem, schaltete mein Telefon auf laut und hörte mir ihre Geschichte an. Nebenbei notierte ich mir ein paar Einzelheiten, nach denen ich ihre Geschichte aufgeschrieben habe. Nicht immer wortgetreu, doch sinngemäß richtig.

Es war irgendwann im Mai 1986. Das Thermometer lachte und die Sonne zeigte sich von ihrer besten Seite. Viele Berliner genossen das schöne Wetter und drängten nach draußen ins Freie. Auf der Terrasse des *Milchhäuschens* am Weißen See gab es keinen freien Stuhl mehr. Kinder tobten im gegenüberliegenden Freibad, Mütter mit Kinderwagen liefen am Ufer entlang. Ein Angler schaukelte mit seinem Ruderboot gemütlich über das Wasser. Ein paar Jungpioniere mit weißer Bluse und blauem Halstuch saßen an einem großen Tisch und kicherten. Alle Welt schien zufrieden.

Nur Carola nicht. Die zwanzigjährige Verkäuferin schaute über den See und wischte sich die Tränen aus dem Gesicht. Vor einer guten Stunde hatte sie noch am Fenster ihrer Einraumwohnung im Gleimviertel gestanden und das bunte Treiben auf dem Spielplatz beobachtet. Ein Junge von vielleicht drei Jahren hatte mit seiner Schippe nach einem kleinen Mädchen geschlagen, das daraufhin losheulte. Die Mütter der Kinder stritten sich noch immer, als die Kinder schon längst wieder gemeinsam eine Sandburg bauten. Wie gern würde auch sie auf einem Spielplatz sitzen und ihren eigenen Kindern beim Sandkuchenbacken zuschauen. Zwei wollte sie haben. Möglichst einen Jungen und ein Mädchen. Alles war geplant. Hans und sie waren sich einig gewesen. In ein paar Monaten wäre er mit seinem Studium fertig und hätte als Bauingenieur genug verdient, um eine Familie zu gründen. Die Hochzeit sollte am 11. November stattfinden, am Tag der Silberhochzeit ihrer Eltern.

Nun saß sie am Weißen See und beim Blick über das Wasser wurde ihr klar, dass dieser Traum vor drei Tagen geplatzt war. Nicht leise wie eine Seifenblase, sondern mit einem lauten Knall. Hans war mit ihrer besten Freundin ins Bett gestiegen. Als Carola früher als geplant aus der HO nach Hause kam, vernahm sie an der Wohnungstür heftiges Stöhnen. Erst dachte sie, ihr Nachbar wäre mit seiner neuen Freundin zugange. Wie so oft in den letzten Wochen. Doch nach dem Aufschließen der Tür wurde das Stöhnen lauter und sie sah Annette nackt auf Hans sitzen. Ihrem Hans und ebenfalls nackt. Sie hörte ihre Freundin laut keuchen und schließlich schreien. Was danach geschah, ist in einem dunklen Nebel verschwunden. Nur bruchstückhaft erinnerte sie sich, dass sie mit ihrer Handtasche auf die beiden eingeschlagen hatte. Wütend und mit voller Kraft. Das Geschrei erklang durch das gesamte

Haus, wie der Nachbar ihr später erzählte. Seitdem hatte sie nur noch geheult und sich im Laden krankgemeldet. Nach dem Rausschmiss hatte Hans noch viermal versucht, in die Wohnung zu kommen. Vergeblich. Als er mit Annette aus der Wohnung flüchtete, hatte er seinen Schlüssel auf dem Küchentisch vergessen und Carola hatte ihm nicht mehr geöffnet. Seine Hemden, Hosen, Schuhe und sein Rasierzeug hatte sie wütend in die Abstellkammer geworfen, sein Foto landete zerrissen im Müll.

Wut und Trauer wechselten einander ab. Sogar an Rache hatte Carola gedacht. Sie wollte alles seiner Mutter erzählen, ihn bei seinen Freunden schlechtmachen und ihn anonym wegen der samstäglichen Schwarzarbeit auf der Baustelle anzeigen. Aber außer Bilder zu zerreißen und seine Liebesbriefe zu verbrennen, tat sie nichts. Doch die Rachegedanken blieben: *Wie kann ich ihm wehtun?* Tagelang sann sie darüber nach, wie sie ihn ebenso verletzen könnte, wie er sie verletzt hatte.

Zwei Wochen nach der Trennung lief sie am *Café Nord* vorbei. In diesem Moment wusste sie, was sie tun konnte, um sich zu rächen und ihn zu verletzen. Hier verkehrten seine Freunde fast jedes Wochenende, um Mädels aufzureißen. Das war die Gelegenheit. Am Freitag würde auch sie in die Tanzbar gehen und sich amüsieren. Und wie! Wild und ausgelassen würde sie tanzen. Egal ob ihr danach zumute wäre oder nicht. Die Hauptsache war, dass seine Kumpels sie sahen und ihm erzählten, dass es ihr gut ginge. Dass sie ausgerechnet an diesem Abend im Auftrag der HO an einer Parteiversammlung teilnehmen sollte, ignorierte sie. Das Thema »Wie ich meine Arbeitskraft zum Wohle des Staates steigere« war sowieso nicht ihr Ding. Immer dieser Parteischeiß und dann auch noch so tun, als würde sie sich dafür interessieren. Na gut, es könnte Ärger geben. Sie würde sich aber einen Krankenschein besorgen. Schließlich war ihr Schwager Arzt.

Carola stand vor dem mannshohen Spiegel im Flur, den sie vor wenigen Wochen gemeinsam mit Hans von einem alten Mann in Lichtenberg gekauft hatte. Hundert Jahre sei das Stück alt, versicherte ihnen der Altwarenhändler, und er sei immer noch wie neu. Na ja, ganz so neu sah das Ding nun wirklich nicht mehr aus. Aber die paar abgesplitterten Teile am Holzrahmen gaben ihm das Flair des Antiken. Kaum waren sie zu Hause angekommen, stellten sie den Spiegel vor das Bett und liebten sich. Gleich zweimal hintereinander, denn sich selbst beim Sex zu beobachten war nicht ohne.

Jetzt stand sie vor dem Spiegel, den Hans gleich neben der Wohnungstür angebracht hatte. Sie sah schick aus. Das selbstgenähte Kleid nach einer Vorlage aus der *Sibylle* betonte ihre schlanke Figur und das Dekolleté war freizügiger geschnitten als geplant. Die Ansätze ihrer Brüste kamen gut zur Geltung. Sie hatte es extra für Hans so weit ausgeschnitten. Schließlich wusste sie, was seine Fantasie anregte. Nun sollten sich andere Männer daran erfreuen. Und genau das wollte sie genießen. In vollen Zügen. Noch schnell die Lippen nachgezogen und ab ging die Post.

Doch bereits am Eingang gab es die ersten Schwierigkeiten. Eine Menschenschlange bis um die Ecke der Wichertstraße wartete auf Einlass. Gerade wollte sie umkehren, als ein Typ sie ansprach und ihr den Vorschlag unterbreitete, sie hineinzuschleusen. *Warum nicht,* dachte Carola und lief ihm hinterher. Der Mann hieß Norbert, drückte dem Türsteher einen Schein in die Hand und das Problem war gelöst. Dass Norbert seine Dienste nicht aus reiner Menschenfreundlichkeit anbot, war Carola natürlich klar. Der Blick auf ihre Brüste hatte gezeigt, dass ihr Ausschnitt Wirkung zeigte. Und der Typ war gar nicht übel, stellte sie fest. Westjeans, schicke Schuhe und ein Sakko, das mit Sicherheit nicht aus einem HO-Geschäft stammte. Zwei Drinks und ein paar Tänze später küssten sie sich. Das Gedränge auf der Tanzfläche war heftig und je enger sie zusammenrückten, desto besser gefiel er ihr. Er roch gut und seine Haut war glatt. Nicht so wie bei Hans, der sich manchmal tagelang nicht rasierte, dass es beim Knutschen kratzte. Inzwischen hatte sie zwei Freunde ihres Ex getroffen und legte sich bei Norbert noch mehr ins Zeug, als sie es ohnehin getan hätte.

»Wir zogen uns von der übervollen Tanzfläche zurück und landeten auf einem der bequemen Polstersitze. Norbert küsste gut. Seine weichen Lippen massierten meine Lippen und seine Zunge erregte mich. Ich hatte seit über zwei Wochen keinen Sex mehr gehabt und war bereit, Norbert mit zu mir zu nehmen«, erzählte sie am nächsten Tag ihrer besten Freundin, die froh war, dass Carola so schnell aus ihrem Tief herausgekommen war.

Dass für Carola mit dem Besuch des Tanzcafés ein völlig neues Leben begann, ahnte sie in diesem Moment noch nicht. Norbert war ein Mann aus dem Westen, der aus einem einzigen Grund regelmäßig nach Ostberlin kam: Er wollte Sex. Von Freunden wusste er, dass die Ostmädels geil auf D-Mark sind. Und davon hatte er genug. Als Betreiber einer gut gehenden kleinen Werbeagentur hatte er auch die Zeit, sich in den Ostberliner Treffpunkten umzuschauen. »Materialsuche«, so nannte er die Besuche in den Tanzlokalen.

Seit dem 12. Januar 1968 war die Prostitution im Arbeiter- und-Bauern-Staat offiziell nach Paragraf 249 des StGB wegen asozialen Verhaltens und Gefährdung der öffentlichen Ordnung verboten. Doch in den Amüsierlokalen der DDR pfiff man auf den Paragrafen und es gab genug Frauen, die Sex gegen Westgeld boten. Genau das, was Norbert suchte und in den letzten Monaten mehr als einmal auch erlebt hatte. »Hobbyhuren« hießen sie im Volksmund. Die Frauen selbst sahen sich nicht wirklich als Prostituierte. »Freundschaft plus« nannten sie ihr Verfahren.

Die Nacht war traumhaft. Zwar nicht besonders romantisch, wie Carola ihrer Freundin erzählte, dafür aber wild und leidenschaftlich. Als Carola am nächsten Morgen aufwachte, war ihr Westliebhaber bereits verschwunden. Auf dem Küchentisch lag ein Zettel mit der Nachricht: *Liebe Carola ... war eine tolle Nacht mit Dir. Treffen übermorgen um 19 Uhr bei Dir. Kuss Norbert.* Daneben lagen fünfzig D-Mark. Carola schrie Norbert an, obwohl der schon längst wieder im Westen war. Sie brüllte ihre Wut heraus. Was dachte dieser Typ von ihr? Sie ist doch keine Nutte.

Sie griff nach dem Brot, schnitt eine Scheibe ab und schmierte Sonja-Margarine und Pflaumenmus drauf. Dann setzte sie Wasser auf und kochte sich eine Tasse Malzkaffee. Zwischendurch biss sie ein paarmal von der Stulle ab. Nach dem Frühstück hatte sich ihre Wut etwas gelegt und sie steckte den Schein in die Handtasche. Das Geld hatte er bestimmt nicht als Bezahlung für die zwei Runden Sex auf den Tisch gelegt, redete sie sich ein. Wahrscheinlich wollte er ihr eine Freude machen. Nachdem sie sich die Sache mit dem Geld auf diese Weise erklärt hatte, öffnete sie das Fenster und schüttelte Bettdecke und Kopfkissen auf. Für einen Moment glaubte sie noch den Geruch der vergangenen Nacht in der Nase zu haben.

Den Weg zur Arbeit ging sie wie üblich zu Fuß. Die Viertelstunde Bewegung tat ihr gut. Die Rhinower Straße runter, rechts in die Kopenhagener bis zur Schönhauser Allee. Vorbei an der *Schoppenstube* bis zum HO. Ihr Chef war bereits da und begrüßte sie wie üblich mit grimmigem Gesicht. Schon lange hatte er ein Auge auf sie geworfen und ebenso lange ließ sie ihn abblitzen. Was dem Betriebsfrieden nicht gut tat. Der Blick auf das leere Gemüse- und Obstregal war auch nicht gerade erheiternd. Die Türklingel läutete und Frau Rosenberg betrat den Laden. Sie war weit über achtzig Jahre alt und immer fröhlich wie ein Teenager. Sie lachte, machte Späße und hatte jedes Mal einen lockeren Spruch auf den Lippen. Ihr Anblick war für Carola oft der Höhepunkt des Tages.

Heute allerdings schwirrte ihr immer noch das Erlebnis mit Norbert durch den Kopf und sie war froh, als sie endlich Feierabend hatte. Zu Hause angekommen, legte sie sich ins Bett und dachte nach. Sie freute sich auf das Wiedersehen mit Norbert und dass er wieder Geld auf den Küchentisch legte, gefiel ihr inzwischen auch. Eine Arbeitskollegin hatte ihr vor einigen Monaten im Vertrauen verraten, auf diese Weise ein paar Westmark nebenbei zu verdienen. Damals hatte sie empört reagiert. Nun aber schien ihr diese Art Nebenverdienst nicht mehr so verwerflich.

Zwei Tage später, pünktlich um neunzehn Uhr, stand Norbert mit einem Blumenstrauß vor ihrer Tür. Eine Umarmung, ein langer Kuss, dann fielen sie ins Bett. Dort blieben sie bis

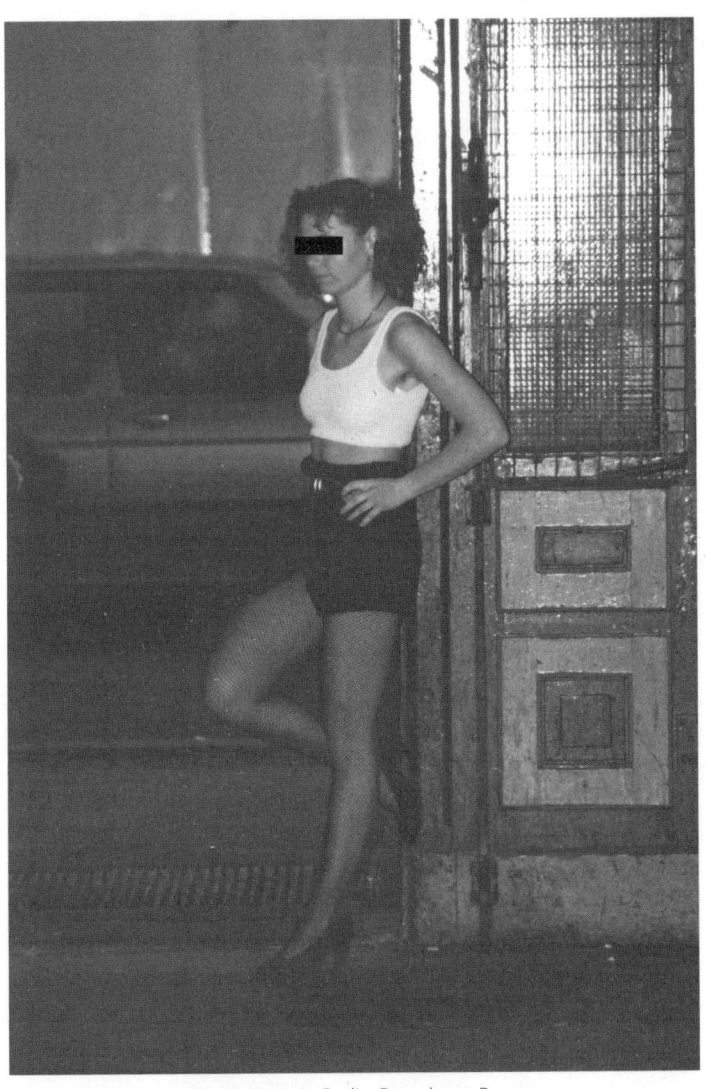

Prostituierte in Berlin-Prenzlauer Berg

kurz nach Mitternacht. Denn Norbert musste bis zwei Uhr die Hauptstadt der DDR verlassen haben. So verlangte es das Berlinabkommen der Besatzungsmächte.

Auch diesmal waren die Stunden mit Norbert aufregend gewesen. Er war ein einfühlsamer Liebhaber und die Geschichten, die er Carola erzählte, waren spannend. Zum Beispiel wenn er davon redete, was es im Westen alles zu kaufen gibt. Ohne Wartezeit und alles immer vorrätig. Wieder lag zum Abschied ein Fünfzigmarkschein auf dem Küchentisch. Ein paarmal brachte er zusätzlich zum Geld Kaffee, Obst, feine Nylonstrümpfe oder aufregende Dessous mit.

Irgendwann, Carola kann sich an den genauen Zeitpunkt nicht mehr erinnern, beschloss sie, dass zwei ständige Westliebhaber ihre finanzielle Situation noch mehr verbessern würden. Erst zögerte sie und ging ein paar Tage mit der Idee schwanger. Sie fühlte sich hin- und hergerissen. Einerseits der Gedanke an den Luxus, den sie sich damit leisten könnte. Andererseits das Gefühl, sich zu prostituieren. Schließlich entschied sie sich für den Luxus. Am nächsten Sonnabend machte sie sich auf den Weg in ihr neues Leben. Ihre Wahl war auf das *Cafe Moskau* in der Karl-Marx-Allee gefallen. Ein Westzehner für den Einlassmann und sie war drin. Den Tipp hatte ihr eine Arbeitskollegin gegeben, die es trotz Ehemann mit der Treue nicht so ernst nahm.

Das Ambiente war gemütlich, warme Farben an den Wänden und ein Kronleuchter mit gefühlten tausend Lämpchen. Carolas erste Schritte waren zögerlich, obwohl sie sich vorgenommen hatte, selbstbewusst aufzutreten. Schließlich wollte sie nicht den Anschein erwecken, auf Männersuche zu sein. Sie glaubte, alle Gäste beobachteten sie, und erst als sie die letzte Stufe in den ersten Stock erreicht hatte, konnte sie wieder lächeln.

Es war kurz nach zwanzig Uhr und der Ober, ein älterer, würdig aussehender Herr, platzierte Carola an einen Vierertisch. Ein Mann mittleren Alters und ein Ehepaar aus Schweden begrüßten sie. Carola stellte sich vor, beantwortete ein paar belanglose Fragen, dann war das Gespräch auch schon beendet. Das Ehepaar gab eine Tischrunde Cocktails aus, dann schwieg man. Carola fühlte sich mehr als fehl am Platze und versuchte, die Situation mit einem Gang zur Toilette zu entspannen. Aus den Augenwinkeln sah sie einen etwa fünfzigjährigen Mann an der Bar sitzen und ihr zulächeln. Ohne eine Miene zu verziehen, lief sie an ihm vorbei, bemerkte jedoch im Spiegel, wie er ihr nachschaute. Sie wusste, dass sie hübsche Beine hatte, für die sie schon viele Komplimente bekommen hatte.

In der Toilette ließ sie sich Zeit. »Je länger er warten muss, desto mehr freut er sich, wenn ich wieder rauskomme«, sagte sie leise vor sich hin und grinste ihrem Spiegelbild zu. Noch einmal die Lippen nachgezogen und zufrieden verließ sie das WC. Und sie hatte sich nicht getäuscht. Als sie wieder an dem Mann vorbeilief, lud er Carola auf einen Cocktail ein. Beide wussten, worum es ging, und keiner sprach das Thema an. Doch die nonverbale Konversation funktionierte bestens. Während er über seinen Beruf als Abteilungsleiter eines Westberliner Pharmaunternehmens redete, legte er eine Hand auf eines ihrer Knie. Sie erwiderte die Geste mit einem Druck auf seinen Unterarm. Nach dem zweiten Cocktail tanzten sie. Sehr eng und sehr langsam. Ein sogenannter Stehblues mit hoher erotischer Wirkung.

Er hieß Ludwig, war Mitte fünfzig und besaß als Geschäftsmann ein Dauervisum. Also blieb er bis zum nächsten Morgen und Carola meldete sich auf der Arbeit krank. Sie hätte es am Magen. Diese Art von Magenkrankheit bekam sie in Zukunft öfter. Ludwig hatte ihr zwei Fünfziger Westgeld auf den Nachttisch gelegt. Von nun an begann für Carola eine neue Art zu leben. Ihre zwei Westberliner Liebhaber wechselten einander ab. Sie passte auf, dass die Besuche sich nicht überschnitten. Und als ihr ehemaliger Freund Hans eines Tages unverhofft vor der Tür stand, alles bereute und wieder mit ihr zusammen sein wollte, lachte sie ihn aus.

Inzwischen lockte Carola nur noch das Geld. Je mehr ein Mann für sie bezahlte, desto wichtiger fühlte sie sich. Immer öfter meldete sie sich krank, immer häufiger besuchte sie die einschlägigen Tanzlokale und riss solvente Westberliner auf. Von nun an ging sie einmal monatlich in den Intershop und tätigte einen Großeinkauf. Zigaretten, Whiskey und Kognak für sie und ihre Gäste. Ein kleines Schwarzes zum Tanzengehen, Parfüm von Dior und Dessous vom Feinsten. Carola ließ es sich gut gehen.

Aber die Stasi hatte ihre Augen überall. Im Frühjahr 1988 war Schluss mit lustig. Denn in den Intershops arbeiteten IM als getarnte Verkäuferinnen. Wegen ihrer häufigen Einkäufe wurde Carola gemeldet und beobachtet. Schnell war Mielkes Leuten klar, woher das Geld für all die schönen Dinge stammte. Hinzukamen noch der Kühlschrank, die Waschmaschine, der Fernseher von Sony und der teure Geschirrspüler; alles über den Geschenkdienst der DDR geliefert und von Freiern aus dem Westen bezahlt.

Carola war überrascht, als eines Tages zwei Herren vor der Tür standen und sie zu sprechen wünschten. Das Gespräch mit den Stasi-Männern lief anfangs recht gut. Erst als sie erklären sollte, woher das Geld für Fernseher, Waschmaschine und Kleider stammte, wurde es eng für sie. Lügen war zwecklos, zumal sie ihr auf den Kopf zusagten, sie würde als Prostituierte arbeiten. Sie drückten es allerdings weniger höflich aus. Carola schämte sich und fing zu heulen an. Der Kleinere der beiden legte seine Hand auf ihren Arm und meinte, es gebe für alles eine Lösung. Dann sprach er von Wiedergutmachung und Dankbarkeit.

Im ersten Moment glaubte sie, er und sein Kollege wollten mit ihr ins Bett steigen. Doch dann wurde ihr klar, dass sie von Dankbarkeit dem Staat gegenüber sprachen. Die Partei habe schließlich für ihr Wohl gesorgt, hatte ihr Schulbesuch und Ausbildung ermöglicht. Nun sei es an der Zeit, dem Staat etwas zurückzugeben. Sie appellierten an Carolas sozialistische Erziehung, um sie als IM zu gewinnen. Zwei Tage Bedenkzeit gaben sie ihr, dann unterschrieb sie die Verpflichtungserklärung. Von nun an war sie IM »Lilliputh«. Geändert hatte sich dadurch wenig. Sie schlief weiterhin mit Westmännern und durfte Geld und Geschenke behalten. Der einzige Unterschied war, dass sie von nun an über alles Bericht erstatten musste. Besonders über die Männer, die für Mielkes Leute interessant waren. So richtig wohl war ihr dabei nie. Aber die Angst, im Knast zu landen, war größer. Doch um nicht gänzlich im Sog der Staatssicherheit zu verschwinden, verschwieg sie hin und wieder ein paar Details oder log etwas hinzu. Je nachdem, wie sie die jeweilige Situation einschätzte. Wirklich in die Scheiße geritten habe sie niemanden.

Es sei ihr lediglich darum gegangen, unangefochten weiter im Luxus leben zu können. Carola wollte ihren Lebensstandard halten und nicht auf den Job in der HO angewiesen sein oder als Tippse in einem verstaubten Büro landen. So berichtete IM »Lilliputh« brav über Streitereien in der CDU, interne Machtkämpfe bei der SPD. Mal stimmte es, mal waren es Halbwahrheiten oder erfundene Geschichten für den Genossen Mielke. Ihren Führungsoffizier unterrichtete sie stets über ihre Bettkontakte, denn Verschweigen war keine gute Lösung. Ausgenommen ein paar Ermahnungen, sich doch bitte beim Ausfragen der Liebhaber mehr anzustrengen, ließ man sie in Ruhe. Ob in ihrer Wohnung ein Mikro installiert war, konnte sie mir nicht sagen. Aber aufgrund einiger Bemerkungen des Führungsoffiziers, mit dem sie sich schon sehr bald duzte, war eine Abhörtechnik anzunehmen. Carolas Lösung für dieses Problem: Sie traf sich mit den Männern, die sie nicht verraten wollte, meist im Hotel. Ihnen die Wahrheit zu sagen, dazu fehlte ihr der Mut. Norbert blieb ihr bis zur Wende erhalten, Ludwig verschwand eines Tages, andere kamen und gingen. Wie viele es genau waren, konnte sie nicht sagen. Auf jeden Fall waren es viele.

So lebte »Lilliputh« alias Carola bis zur Wende in einer Welt der Lügen. Nach der Wiedervereinigung schaffte sie noch ein paar Monate in einem Nobelbordell am Olympiastadion an. Doch das Nachtleben mit viel Alkohol war nicht ihre Welt. Vom Ersparten eröffnete sie eine kleine Boutique in Steglitz, die es auch heute noch gibt.

SCHNELL VERDIENTES GELD
DER STRASSENSTRICH VON BERLIN UND LEIPZIG

Die schnellste und billigste Art, um Sex zu kaufen, war auf dem Straßenstrich. Allerdings beschränkte sich dieses Vergnügen in erster Linie auf die Messestadt Leipzig, auf Berlin und auf Dresdens Ausfallstraßen, wo im Gegensatz zur Prostitution im Hotel oder auf privaten Treffen in DDR-Mark bezahlt werden konnte. Zwar gab einige »Wanderhuren«, die durch die DDR zogen und zeitweilig in kleineren Städten wie Jena, Weimar oder Eisenhüttenstadt Sex anboten, doch die Zahl war verschwindend gering.

Jeder Mann, der käufliche Liebe suchte, fand auf Leipzigs und Berlins Straßen Frauen, die ihren Körper gegen Bezahlung anboten. Der Straßenstrich war ganzjährig geöffnet und selbst Schichtarbeiter und Frühaufsteher hatten Erfolg. In der Leipziger Nordstraße standen je nach Tageszeit fünfzehn bis zwanzig Frauen, verdienten sich ihren Lebensunterhalt oder besserten die Haushaltskasse auf. Zweimal im Jahr, zu Messezeiten, war dort die Hölle los. Dann tippelten dreimal so viele Damen am Bordstein entlang und verkauften halbstundenweise ihre Körper. Hinzu kamen die »Messebegleiterinnen«, die weiblichen IM und die Edelhuren, die mit eigenem Wagen oder den sogenannten Nuttenzügen, wie die zu Messebeginn eingesetzten Sonderzüge wegen der auffallend vielen mitfahrenden jungen Frauen salopp genannt wurden, anreisten. Leipzig wurde zur Hochburg der käuflichen Liebe.

Trabis, Volkswagen und Volvos schlichen durch die Nordstraße und die meist männlichen Fahrer schauten statt nach vorn lieber zu den Mädchen am Straßenrand. Auf der Suche nach »Verkehr« behinderten sie den Verkehr auf dem Straßenstrich. Trabis mit DDR-Kennzeichen, schwarze Limousinen mit Diplomatenkennzeichen und Westberliner warteten Stoßstange an Stoßstange am Bürgersteig, bis ihr Vordermann die Verhandlungen am Beifahrerfenster abgeschlossen hatte. Stieg die Frau ein, hieß es, entweder zwanzig bis dreißig Minuten auf ihre Rückkehr warten oder eine andere Prostituierte ansprechen. Die Konkurrenz war groß und die Frauen waren nicht zimperlich, ihr Revier zu verteidigen. Es wurde geschimpft, geschubst, getreten, gedroht und hin und wieder gab es schon mal ein blaues Auge. Dann war die Konkurrenz wenigstens für ein paar Tage aus dem Geschäft gedrängt.

Trotz Rivalitäten hatten einheimische Prostituierte ein »Nuttennetzwerk« gegründet, um sich gegenseitig auszutauschen. Sozusagen die Stille Post vom Straßenstrich. War eine Razzia angesagt, machte das schnell die Runde. Auch Zivilstreifen blieben nicht lange unentdeckt. Ihre auffällig unauffällige Art verriet sie. Auf kleinen Zetteln mit exakten Personenbeschreibungen warnten sich die Frauen auch vor perversen Freiern. Zum Beispiel vor dem Mann mit den schwarzen Lackschuhen. Zwei Frauen hatte er gefesselt, misshandelt und ihnen das Geld abgenommen. Irgendwann war er verschwunden und die Frauen atmeten auf. Dass trotz Warnungen der Sex auf der Nordstraße nicht ganz ungefährlich war, beweisen mehrere aktenkundige Fälle der Leipziger Polizei aus den Jahren 1984 bis 1989. Doch nur wenige Frauen hatten den Mut, einen Übergriff zu melden, so dass die wirkliche Anzahl der begangenen Taten im Dunkeln blieb. Es ging um Raub, Gewaltanwendung und Vergewaltigung. Frau und Freier stritten sich über den Liebeslohn oder über die Art der sexuellen Handlung. Obwohl Verkehr mit Kondom vereinbart worden war, bestand der Mann plötzlich auf Sex ohne Gummi. Besonders aggressiv reagierten Männer, die nicht zum Orgasmus gekommen waren, meinten, es läge an der Frau, und ihr Geld zurückverlangten. Es setzte Backpfeifen, Fausthiebe und sogar mit dem Messer wurde gedroht. Welche Frau hat den Mut, sich mit einer Messerspitze am Hals zu wehren? Auf dunklen und einsamen Parkplätzen hatten die

Opfer keine Chance. In einem solchen Fall hieß es, sich besser nicht zu widersetzen.

Ein paar Tage vor Weihnachten 1985 wirbelte ein Mord die Szene auf dem Leipziger Autostrich durcheinander. Gerda S. war auf dem Weg, den Ascheeimer zur Mülltonne zu bringen, als ihr eine Etage tiefer eine offene Wohnungstür auffiel. Als sie zurückkam und die Tür immer noch auf stand, klopfte sie und rief mehrmals den Namen ihrer Nachbarin. Da keine Antwort kam, schob Gerda S. die Tür weiter auf. Ihr Blick fiel direkt ins Schlafzimmer. Der leere Ascheeimer fiel scheppernd zu Boden und Gerda S. schrie das ganze Haus zusammen. Ihre Nachbarin Petra M. lag tot im Bett. Erdrosselt, vergewaltigt und übel zugerichtet, wie die Polizei später bekanntgab. Die Achtundvierzigjährige, die sich ab und zu ein paar Mark auf dem Straßenstrich zu ihrem Job in einer Schraubenfabrik dazuverdiente, hatte einen Mann mit nach Hause mitgenommen. Ihren letzten Freier! Bei den anderen Frauen war sie dafür bekannt, dass sie bei Männern nicht sehr wählerisch war. Die einen vermuteten, dass sie es sexuell nötig hätte. Andere meinten, es ginge ihr nur ums Geld. Zwei Wochen ermittelte die Volkspolizei und die Geschäfte der Prostituierten litten unter der ständigen Anwesenheit der Kriminalisten. Einige Frauen blieben aus Angst vor dem Mörder auch der Straße fern und hielten sich mit Stammfreiern, die ihre Adresse kannten, über Wasser.

Die Furcht der Frauen war für die K I und für die Staatssicherheit eine gute Gelegenheit, um Erkenntnisse über die kriminelle Szene Leipzigs zu gewinnen. Sie versprachen den Frauen Hilfe und Schutz und drückten bei Auskünften ein Auge zu, teils um kriminelle Aktivitäten zu verhindern, aber auch auf der Suche nach Hinweisen, um die eine oder andere Prostituierte zur Mitarbeit als IM zu erpressen. Die Kriminalisten und Stasi-Mitarbeiter wollten Details über das Leben der Freier erfahren, Informationen über deren sexuellen Vorlieben sammeln, um eventuell mit diesem Wissen auch sie in der Hand zu haben. Besonderes Interesse zeigten sie an den großen Limousinen mit CD-Kennzeichen aus dem nichtsozialistischen Ausland und an Wagen, die zur Fahrbereitschaft des Zentralkomitees der SED gehörten. Schließlich sind auch Politiker nur Männer und nach einer langweiligen Parteisitzung kann ein wenig Aufmunterung nicht schaden.

Es war mitunter ein eigentümliches Völkchen, das sich auf der Nordstraße und am Ufer der Parthe herumtrieb. Ehemänner chauffierten ihre Frauen zum Straßenstrich und notierten zur Sicherheit die Autokennzeichen der Freier. Taxifahrer boten für zehn Mark einen Bringe- und Abholservice an. Sie fuhren das »Paar« zum Liebesnest, holten die Frau zur vereinbarten Zeit wieder ab und brachten sie zu ihrem Standplatz zurück. Ein Ehemann verdiente gleich doppelt. Erst fuhr er seine Frau zur Nordstraße, dann stand er ihr und ihren Kolleginnen als Liebeschauffeur zur Verfügung. Kam ein »Füßling« (Freier ohne Auto), stellte er seinen Wagen gegen ein Entgelt von fünfzehn Mark sogar als Liebesnest zur Verfügung. Sein Pech war, dass er einer Zivilstreife auf den Leim ging und wegen Zuhälterei verhaftet wurde. Die Ehefrau sagte jedoch aus, sie hätte sich freiwillig prostituiert und ihr Hurenlohn von zwanzigtausend Mark, der bei der Hausdurchsuchung in einer Keksdose im Küchenschrank gefunden wurde, sei in die gemeinsame Haushaltskasse geflossen.

Die schnelle Nummer ab dreißig Mark gab es auf dem Parkplatz des Interhotels *Merkur*, in unmittelbarer Nähe der Anbahnungsmeile. Die *Bild*-Zeitung schrieb: »Doch nicht nur im, sondern auch vor dem Hotel blühte das Geschäft mit der käuflichen Liebe ... An manchen Abenden warteten bis zu dreißig Prostituierte auf Kundschaft. Am 24. Juni 1986 meldet ein besorgter Stasi-Mitarbeiter: ›Seit einigen Wochen treten neue, namentlich unbekannte HwG-Personen (Stasi-Jargon für häufig wechselnder Geschlechtsverkehr, d. Red.) in Erscheinung, die die Preise runterdrücken, indem sie sich mit zehn Mark zufrieden geben.«

Laut *Bild* soll die Lage bald eskaliert sein: »Ein Stasi-Mann fotografierte ein Paar beim Sex durchs Gebüsch, ein zweiter hielt die Zweige auseinander. ›Gegen einundzwanzig Uhr kam es zwischen HwG-Personen/Freiern und Volkspolizisten zu handgreiflichen Auseinandersetzungen«, notierte ein Stasi-Mann und kritisierte das ›mangelhafte taktische Verhalten‹ der Genossen.«

Der Vorfall lässt die Frage offen, ob die beiden Stasi-Männer aus beruflichen Interesse unterwegs waren oder lediglich Spaß am Zugucken hatten.

Jessica, inzwischen Verwaltungsangestellte, erinnert sich an ihre Zeit als Prostituierte auf der berüchtigten Nordstraße.

»Angefangen habe ich 1984, da war ich siebzehn, wollte mir ein Moped kaufen und brauchte Geld. Außerdem wollte ich was erleben. Als ich zum ersten Mal durch die Nordstraße lief, um eine Freundin zu besuchen, bremste ein dunkles Auto neben mir. Durch das offene Fenster fragte mich der Fahrer nach meinem Preis. Ich glaube, ich bin ganz rot geworden und schnell weggelaufen. Als ich das Erlebnis meiner Freundin erzählte, meinte sie, zwei Mädchen aus ihrer Klasse würden sich auf der Meile gutes Taschengeld verdienen. Seit ein paar Wochen kämen sie wie aufgemotzte Tussis in die Schule und geben mit ihren Westklamotten aus dem Intershop an. Die meisten Mädels in der Klasse würden das allerdings nicht machen und sie selbst würde sich nicht trauen. Stell dir vor, dein Nachbar oder sogar dein Vater hält an. Wie peinlich ist das denn! Nur bei dem Gedanken, der ›strenge Otto‹, so nannten wir unseren Mathelehrer, holt sein Ding raus und will ficken, lachten wir uns kaputt.

Ein paar Tage später, ich war knapp bei Kasse und hatte mich mit meinem Freund gestritten, dachte ich, versuch's doch mal. Scheiß auf die Moral und stell dich in die Nordstraße und schau, was passiert. In einer Zeitschrift, die meine Oma aus Wessiland mitgebracht hatte, war das Interview einer Schülerin abgedruckt, die nach Schulschluss ältere Männer verführt und sich damit zusätzliches Taschengeld verdient. Die Reportage hieß: ›Die neuen Lolitas‹. Auf dem abgedruckten Foto trug sie Kniestrümpfe, einen kurzen Rock und Zöpfe. Das Bild war echt geil und die Vorstellung, das könnte ich doch auch mal versuchen, gefiel mir von Tag zu Tag mehr. Ich fand mein Leben sowieso ziemlich langweilig. Mit vierzehn hatte ich den ersten Sex und war seitdem mit meinem Freund zusammen. Der Gedanke, wie es mit einem anderen im Bett wäre, hatte mich schon seit Wochen beschäftigt.«

Jessica zog Turnschuhe, weiße Socken, ein T-Shirt und einen Rock an, der allerdings viel zu lang war, krempelte ihn an der Taille ein wenig um und zog ihn ein paar Zentimeter nach oben. Zwei kleine Pferdeschwänze rechts und links, ein letzter Blick in den Spiegel und sie war zufrieden.

»Ich war aufgeregt und unterwegs hätte mich fast der Mut verlassen. Doch ich dachte an das Geld und hielt tapfer durch.«

Jessica erinnert sich noch genau an den Abend, von dem sie behauptet, er hätte ihr weiteres Leben beeinflusst. Es war ein Donnerstag und es regnete. Sie hatte keinen Schirm dabei und war in Minutenschnelle klitscheklatschenass. Die Scheinwerfer und Rücklichter der Autos spiegelten sich auf der nassen Fahrbahn und die Straße sah aus wie ein fahrendes Gemälde.

»Das bunte Spiel der Lichter beruhigte mich. Erst als ein Auto hielt, war ich wieder in der Realität. Der Wagen hatte ein Westberliner Kennzeichen und mein erster Freier war ein Mann, der mein Opa hätte sein können. Für eine Handentspannung bot er zwanzig Mark West. Erst beim zweiten Nachdenken war mir klar, dass ich ihm einen runterholen sollte. Ich nickte und stieg ein, tat dabei so selbstbewusst, als hätte ich die Nummer schon hundertmal gebracht.«

Im Gegensatz zur Straße war es im Auto gemütlich warm und trocken. Als sie im Wagen saß, bot der Mann ihr einen Zehner mehr, wenn sie ihr Oberteil ausziehe und er ihre Brust anfassen dürfe. Sie schob ihr T-Shirt hoch und war überrascht, wie warm seine Hände waren. »Ich war erstaunt, dass mir die Situation überhaupt nicht peinlich war. Wir hatten in einer dunklen Seitenstraße geparkt und ich legte los. Nachdem er fertig war, bedankte er sich freundlich und meinte, er käme nächste Woche wieder.«

Als Jessica aussteigen wollte, fing es mächtig an zu regnen. Es blitzte und polterte wie verrückt. Der Mann schlug ihr vor, das Gewitter im Auto abzuwarten, und legte eine Kassette mit Musik aus den sechziger Jahren ein. »Nicht mein Ding, ziemlich blödes sentimentales Gedudel. Das Unwetter hatte mir inzwischen eine Heidenangst gemacht. So wie früher, als ich mir als Kind die Bettdecke über den Kopf gezogen hatte. Es war total gruselig. Viel zu erzählen gab es nicht und wir schwiegen uns an. Nach einer Weile endete die Kassette mit einem Knacks und nur das Prasseln des Regens war noch zu hören. Inzwischen waren auch die Scheiben beschlagen, so dass die Straße und die Häuser kaum noch zu erkennen waren. Mitten in die Stille hinein fragte er mich, ob er noch mal dürfe. Echt, der Typ war richtig niedlich. Er drückte mir noch einmal dreißig Mark in die Hand und ich machte es ihm ein zweites Mal. Inzwischen hatte das Gewitter aufgehört und der Regen nachgelassen. Ich stieg aus und wir verabredeten uns für den nächsten Donnerstag. ›Gleiche Stelle, gleiche Welle‹, sagte er und lachte.«

Schnell verdientes Geld, fand Jessica und steckte die sechzig Westmark in die Tasche. Von nun ging sie, statt zum Handballtraining, jeden Montag und Donnerstag auf den Strich. Anfangs nur für ein, höchstens zwei Stunden. Doch mit der Zeit lockte das Geld immer mehr und es gab ganze Nächte, die sie auf der Nordstraße verbrachte. Und das bis Ende 1992. Ihr Lolita-Outfit tauschte sie nach einem Jahr gegen enge Jeans und knappes T-Shirt, das ihre jungen Brüste gut zur Geltung brachte. Als sie volljährig wurde, zog sie bei ihren Eltern aus und mietete sich ein Zimmer in der nahe gelegenen Roscherstraße. Zur Frühjahrsmesse 1986 schloss sie sich dem Netzwerk von Prostituierten an, die ihre Wohnungen zeitweilig an Konkurrentinnen vermieteten. Nicht aus Nächstenliebe, sondern zum Stundenpreis von zehn Mark. Wurde eine zweite Frau für einen Dreier gesucht, war Jessica ebenfalls dabei.

»Sex mit einer Frau unter den Augen eines Mannes hatte etwas Prickelndes. Außerdem war ich auf richtiges Vögeln gar nicht so wild. Im Laufe der Zeit hatte ich mir ein paar Techniken angewöhnt, um einen Mann auch ohne Reinstecken zum Orgasmus zu bringen.«

Das Geschäftsmodell der Wohnungsvermietung kam auch einem Vierundachtzigjährigen zu Ohren, so dass der sozialistische Rentner stundenweise zum Kapitalisten wurde. Von nun an zeigte ein grünes Fähnchen auf seinem Balkon ein freies Zimmer an. Dass er sich selbst auch hin und wieder den Luxus eines Schäferstündchens gönnte, war allen Frauen bekannt.

Gegen Ende der DDR tauchte der erste Wohnwagen in der Roscherstraße auf. Modell »Friedel« mit blauer Bauchbinde vom VEB Campinganhänger Großfahner, gezogen von einem Wartburg. Die sechsundzwanzigjährige Gisi hatte das gut vier Meter lange Teil von ihrem Vater geerbt und wollte es für sich selbst nutzbringend verwenden. Der Puff auf Rädern sprach sich schnell herum und die »rote Gisi« hatte alle Hände voll zu tun.

Kaum war die Mauer gefallen, die DDR aber immer noch DDR, platzierten sich auch die ersten Westwohnwagen. Rotes Licht hinter den Fenstern lockte die Freier an. Waren die Lampen aus und die Vorhänge zugezogen, hieß es Warten. In Reih und Glied parkten sie entlang der Roscherstraße vor dem Energiekombinat mit dem runden Gasometer aus Klinkersteinen. Am Zaun und in den Fluren der umliegenden Wohnhäuser hingen gelbe Hinweisschilder: »Achtung! Bei Gasgeruch sofort die zuständige Volkspolizei-Dienststelle oder Feuerwehr verständigen«. Die »rote Gisi« erinnert sich: »Wir haben uns oft vorgestellt, wie es sein würde, wenn es nach Gas riechen oder eine Sirene heulen sollte. Der Gedanke, ein nackter Typ würde von der Matratze hüpfen und in Panik davonrennen, brachte uns jedes Mal zum Lachen.«

Doch bald war es vorbei mit lustig. Um jeden Meter Straßenstrich wurde brutal gekämpft. Westdeutsche Huren vertrieben die einheimischen Frauen. Wessi-Luden die ostdeutschen Möchtegernzuhälter.

Die *taz* schrieb am 19. April 1991: »Die Leipziger Polizei kann die Frauen nicht schützen. Hauptkommissar Schwitzke, zuständig für ›Straftaten gegen Leben und Gesundheit‹, ist ein überforderter Mann. ›Wir sind noch in der Umstrukturierungsphase, wir haben noch nicht einmal ein Polizeiauf-

Wohnwagen-Prostitution auf der Roscherstraße in Leipzig, August 1991

gabengesetz ... Prostitution war (in der DDR) zwar verboten, wurde aber stillschweigend geduldet. Das Problem sind die Zuhälter ... Die meisten Frauen und die, die wir für Zuhälter hielten, kamen aus dem Westen. Aber auch hier gibt es sehr viele Neuzugänge.‹ Schwitzkes ›Neuzugänge‹ sind Hunderte von Ostfrauen. Frauen, die arbeitslos geworden sind, Frauen, deren Männer den Job verloren haben und die jetzt anschaffen, um die Familie zu ernähren. Es sind Studentinnen, Angestellte, Bürokräfte, Hausfrauen. Die genauen Zahlen kennt niemand, aber die zweihundert vor der Wende haben sich mindestens verdoppelt, vermutet Schwitzke. Die Not treibt viele auf die Straße, manche lockt das schnelle Geld.«

Ähnlich sah es in Berlin aus. Der Autostrich rund um das Oranienburger Tor in Mitte war zwar verboten, doch wie in Leipzig wurde er inoffiziell geduldet. Ab einundzwanzig Uhr im Sommer und im Winter eine Stunde früher herrschte hier reger »Verkehr«. Frauen von achtzehn bis Mitte fünfzig boten sich als Kurzzeitgeliebte an, wobei die Jüngeren in der Überzahl waren. Sehr zum Leidwesen der etwas reiferen Damen. Wer die Oranienburger Straße noch aus DDR-Zeiten kennt und heute in den Abendstunden über den Straßenstrich schlendert, staunt über die freizügige Aufmachung der Frauen. Im Gegensatz zu heute waren die Frauen zu Ostzeiten dezent gekleidet und sahen aus wie normale DDR-Bürgerinnen. Nur die jungen Frauen an der Tucholskystraße / Ecke Oranienburger zwängten sich in enge Jeans, meist aus dem Westen, und ließen sich gern auf den Hintern gucken. Heute herrscht ihr Einheitslook, im Volksmund »Nuttenuniform« genannt. Stiefel bis über die Knie, Röcke kaum breiter als ein Gürtel und Oberteile, die mehr zeigen als verbergen. Wenn sich die Frauen zur Preisabsprache durch das Beifahrerfenster beugen, kann Mann schon die ersten Blicke auf das werfen, was ihn später erwartet. Manche Frauen, besonders in flauen Zeiten, lassen sich auch anfassen. Wer kauft schon gern die Katze im Sack. Oder in diesen Fällen das Verborgene unter dem Pulli.

»Nach der Wende sind auch hier die Zuhälter gekommen und haben das Kommando übernommen. Statt einfühlsamer Frauen, die ein offenes Ohr für alltägliche Probleme ihrer Freier hatten, ging es der neuen Generation nur um die Kohle«, erinnert sich älterer Herr, der seit sechzig Jahren hier wohnt. Steffen, ein ehemaliger Westlude erzählte mir vor Jahren: »Die Frauen mussten Geld fürs Tippeln zahlen. Fünfzig bis hundert D-Mark pro Schicht. Je nach Standplatz.« Aber auch die Zeit der Westzuhälter war bald vorbei. Albaner, Rumänen und arabische Clans drängten ins Geschäft. Mittlerweile findet weniger Prostitution rund um die Oranienburger statt als noch in den neunziger Jahren. Wie so vieles dort musste man sich der Gentrifizierung beugen.

Wer sich zu Ostzeiten mit einer schnellen Nummer im Auto oder im Gebüsch begnügte, war kurz nach dem Zweiten Weltkrieg mit einer Strumpfhose, in den fünfziger Jahren mit zwanzig Mark dabei. Am Ende der DDR war der Preis auf fünfzig Mark gestiegen. Beliebt für Freilandsex waren der Monbijoupark in Berlin-Mitte, der mit seinen dichten Büschen ideal fürs Fummeln war, ebenso Parkplätze, Hausflure und dunkle Nebenstraßen. Spanner störten den Parkplatzsex gern mit ihren Taschenlampen. Besonders aktiv waren Jugendliche, die ihren Spaß daran hatten, mit den Fäusten gegen die Autoscheiben zu hämmern und Grimassen zu schneiden.

Wer dagegen ungestörten Sex wollte, musste tiefer in die Tasche greifen und durfte sich im Bett der Frau wie zu Hause fühlen. Je nach vereinbarter Zeit lagen die Preise zwischen achtzig und hundertfünfzig Mark. Im Gegensatz zur Prostitution in den Interhotels konnte man auf dem Straßenstrich auch mit Ostgeld bezahlen. Doch die D-Mark war willkommener, denn der Schwarzmarkt-Kurs stand zeitweilig bei eins zu zwölf. Da wurden aus fünfzig D-Mark schnell sechshundert Mark Ost – zwei Drittel des Monatslohnes einer Produktionsarbeiterin im Jahr 1988.

Oft suchten mehr Freier Sex, als Frauen auf der Straße standen. So mancher hormongesteuerte Mann kutschierte mehr als eine Stunde die geile Meile auf und ab. Trabis waren wegen des engen Innenraums nicht sehr beliebt. Bevorzugt wurden Wagen von Wartburg an aufwärts. Weshalb Mercedes-, Opel- oder Citroënfahrer stets die größeren Chancen hatten. Zumal sie außer einem harten Genital auch harte Währung mitbrachten.

»Manche Typen waren nicht mein Fall. Da musst du blind sein und ich sagte mir: *Augen zu und durch.* Schließlich ging es nicht um Schönheit, sondern um Geld«, erinnert sich Corinna, die bis zur Wende auf der Oranienburger unterwegs war. »Ich vermietete meinen Körper für ein paar Minuten und dafür ließ ich mich bezahlen. Ich bekam Geld, der Mann seinen Orgasmus. Für uns beide ein gutes Geschäft.«

Doch nicht immer ging es nur ums Geld. Es gab jüngere Frauen, die gezielt nach Westmännern für eine Heirat suchten, weil sie auf diese Weise die Republik verlassen durften. Auch waren da ältere Frauen, die ihre Einsamkeit auf die Straße trieb. Oft liefen sie stundenlang umher, ohne einen Freier zu finden und um wieder allein in ihrem Bett zu landen.

In seiner »Ethnologischen Feldstudie im Zeitraum von Juni bis August 1989« untersuchte Thorsten Brösemann den Straßenstrich auf der Oranienburger Straße. Er schildert, dass es im Haltestellenbereich der Straßenbahn an der Ecke Tucholskystraße oftmals zu Verwechslungen kam. Frauen, die auf eine Straßenbahn warteten, wurden von dem Fahrer eines anhaltenden Wagens durch das offene Beifahrerfenster nach ihrem »Preis« gefragt. Thorsten Brösemanns Recherchen zeigten weiterhin, dass es Freier gab, die die Frauen mit dem Auto oder Motorrad abholten und mit ihnen in ihre eigene Wohnung fuhren. Eine Prostituierte hatte sogar einen eigenen Trabant, mit dem sie die Freier zu sich nach Hause fuhr. Doch grundsätzlich mangelte es dem Straßenstrich an der Oranienburger an käuflichen Frauen, wie es bei Brösemann heißt: »An mehreren Abenden konnte ich zum Beispiel nur vier Prostituierte zählen ... Die meisten dieser Frauen kommen an einem Abend mehrmals auf den Strich zurück. Dabei reicht die Anzahl der Männerkontakte von ein bis zwei pro Abend bis zu vier bis sechs Männern. Demgegenüber tangieren im Verlaufe eines Abends etwa fünfundzwanzig bis fünfzig Männer den Strich, von denen die allerwenigsten eine Aussicht auf Erfolg haben.«

Trotz des knappen Angebots war der Preis stabil, so Brösemann: »Er lag bei hundert (Ost-)Mark für Geschlechtsverkehr und fünfzig bis hundert Mark für Oralverkehr.« Auch würden die Frauen sich nicht als Ware begreifen: »Man könne auch ›Nein‹ zum Kunden sagen, müsse also nicht wie etwa eine Prostituierte im westlichen Bordell alles nehmen, was komme. Anstrengend sei es schon, auf den Strich zu gehen, doch gleiche das Geld dies wieder aus.«

Die SED-Propaganda hatte Horrorgeschichten über das westdeutsche Bordellleben in Umlauf gesetzt. Rund um die Uhr müssten die Frauen für ihre Zuhälter auf der Straße stehen und dürften auch in den Bordellen keinen Mann ablehnen. Sie würden geschlagen und müssten das gesamte Geld abliefern. Die Eros-Center wären Supermärkte der Liebe und privaten Kapitalanlegern würden zwanzig Prozent Rendite versprochen. Weiter hieß es: »Es ist eine unumstößliche Tatsache, dass in der Natur der Frau der Geschlechtstrieb begründet liegt, aber nicht der Trieb zur Prostitution. Sie ist nicht von der Natur geschaffen, sondern eine vom Ausbeuterstaat als notwendig betrachtete soziale Institution.

Der Hang oder Trieb zur Prostitution wurde mit angeborenen Fehlern der betreffenden Frauen erklärt. Durch sie soll eine Geburtenregelung gewährleistet sein und eine Überbevölkerung vermieden werden und der Staat hat eine Einnahmequelle.«

Bis zum Verbot der Prostitution im Jahr 1968 hatte die Sexanbahnung auf der Ostberliner Oranienburger Straße sehr offen stattgefunden. Frauen, die sich gemütlich aus dem Fenster ihrer Parterrewohnung lehnten und männlichen Passanten zu lächelten. Einige Männer wunderten sich über diese Freundlichkeit, andere verstanden es als Zeichen, an die Tür zu klopfen. Danach wurden die Fenster geschlossen und die Vorhänge zugezogen. Bis der Nächste klopfte. Andere, die offen im Hauseingang auf einen Freier warteten, lockten die vorbeigehenden Männer mit frechen Sprüchen.

Nach der Einführung des Paragrafen 249 am 12. Januar 1968 wurden die Frauen jedoch vorsichtiger. Ab jetzt bemerkte Mann vermehrt Frauen, die wie zufällig an einer Hauswand lehnten. Sie rauchten, lächelten und alles lief wie zuvor, nur ohne an die Tür zu klopfen. Besonders gewitzt ist die blonde Inge vorgegangen. Die Achtunddreißigjährige führte Pudel Oskar allabendlich rund um den Block. Solange, bis sie einen Begleiter gefunden hatte oder Oskar müde war.

Genau wie in Leipzig wurden auch in Berlin die Freier ohne Auto »Füßlinge« genannt. Sie waren noch unbeliebter als Trabifahrer. Im Gegensatz zum Leipziger Strich, der zu Messezeiten Hochkonjunktur hatte, gab es in Berlin keine besonderen Stoßzeiten. Nur um die Weihnachtszeit herum saßen die meisten Freier und Huren lieber unter dem Weihnachtsbaum und war bis auf wenige Ausnahmen das Angebot am Straßenrand besonders dürftig.

Wo immer Not am Manne war, fanden schlaue Köpfe eine Lösung. Taxifahrer hatten mit bestimmten Damen ein Arrangement getroffen. Suchten auswärtige Gäste eine sexuelle Abwechslung, fuhren sie die Männer direkt zu ihnen nach Hause oder brachten die Frauen ins Hotel des Gastes. Ihre

Provision: zwischen zehn und dreißig Mark und hin und wieder kostenloser Sex auf dem Rücksitz. Sozusagen als Trinkgeld obendrauf.

Auch das Ministerium für Staatssicherheit hatte ein Interesse daran, Kontakte zur Straßenstrich-Szene zu knüpfen. Als treue Informantin des MfS erwies sich eine geschiedene Friseuse, die finanziell über ihre Verhältnisse lebte und deshalb dem Gewerbe auf der Oranienburger nachging. Was im Februar 1970 mit der Drohung, sie zu verhaften, begann, entwickelte sich im Laufe der Zeit als Glücksfall für die Stasi. Mit blauer Tinte schrieb sie als IM »Anja« ihre Erlebnisse für das MfS auf. Vom Geschlechtsverkehr für fünfzig Mark im Auto und dass sie drei Freier nacheinander befriedigt hatte. Sie beschrieb eine Stripperparty ohne Sex bei einem reichen Villenbesitzer, der sie im roten Tatra abholen ließ, und berichtete über einen Chefredakteur, der zehn Dollar oder hundert Ostmark fürs Blasen zahlte.

Eine besondere Aufgabe hatte eine ausgesuchte Dirne, die als IM arbeitete und als extrem zuverlässig galt. Während der X. Weltfestspiele der Jugend und Studenten vom 28. Juli bis 5. August 1973 sollte sie ihre Kolleginnen, die ebenfalls für das MfS oder die K I arbeiteten, von der Straße fernhalten. So sollte verhindert werden, dass diese versehentlich bei einer Razzia verhaftet und ihre Verbindungen zu den geheimen Staatsorganen bekannt würden.

In ihrem Buch *Prostitution in der DDR* beschreibt Steffi Brüning den Fall von mehreren, teils minderjährigen Prostituierten, die 1970 im Verdacht standen, illegal die DDR verlassen zu wollen. Im Laufe der Vernehmungen nannten sie den Namen einer siebenundzwanzigjährigen Prostituierten, die ihnen Freier vermittelt hatte. Die Hauptverdächtige Gabi S. war zum Zeitpunkt der Festnahme geschieden, hatte zwei Kinder, die bei ihr lebten, und arbeitete mit Unterbrechungen als Hilfsschwester in einem Berliner Krankenhaus. Gabi S. hatte sich bereits vor dem Inkrafttreten des »Asozialenparagrafen« auf dem Berliner Straßenstrich rund um das Oranienburger Tor herumgetrieben. Hier und an anderen Orten hatte sie weibliche Jugendliche kennengelernt, zu denen sich ein enger Kontakt entwickelte.

Auch der »Brunnen der Völkerfreundschaft« auf dem Alexanderplatz war als Anmachplatz für Straßenhuren bekannt. Die »Nuttenbrosche«, wie der Brunnen von Eingeweihten genannt wurde, war besonders bei jungen Mädels beliebt, die nach der Schule praktischen Unterricht in Sexualkunde gaben.

Zum Straßenstrich wurden auch Kneipen, Restaurants und Tanzlokale gerechnet, in denen Huren nach Kundschaft und Männer nach käuflicher Liebe Ausschau hielten. »Operative Personenkontrollen« hießen die Razzien, in denen gezielt nach Prostituierten mit »feindlich-negativer« Haltung gesucht wurde. Während einer Sitzung beim stellvertretenden Leiter des Ministers des Innern wurde am 10. März 1971 ein Beschluss zur Bekämpfung der Prostitution und westlicher Dekadenz verabschiedet:

»Folgende Maßnahmen sind sofort durchzuführen:

Sofortiger Einsatz eines Einlassdienstes in der *Mokka-Milch-Eisbar* in der Karl-Marx-Allee, der Einfluss auf die Zusammensetzung des Publikums nimmt.

Ähnliche Maßnahmen sind in den gastronomischen Einrichtungen der Goldbroiler-Gaststätten Friedrichstraße und Haus Berlin, *Lindencorso*, Hotel *Sofia* und *Stadt Berlin* durchzusetzen.« Es gab Kneipen mit sogenannten Nuttentischen, und jeder Interessierte sah auf den ersten Blick, was ihn erwartete.

Doch auch mit Kritik an den eigenen Leuten wurde nicht gespart. In einem Schreiben des Präsidiums der Volkspolizei vom 17. Dezember 1957 wurde bemängelt, dass die Aufklärungsquote schwach wäre und der im 33. Plenum des ZK der SED ausgearbeitete Kampfplan gegen die Prostitution nicht erfüllt wurde. Auch sei die Bekämpfung der HwG-Personen ungenügend. Ein neu zusammengestelltes »Prosti-Kommando« sollte jetzt vermehrt nach Frauen mit häufig wechselndem Geschlechtsverkehr suchen und die Betreiber der Lokale zur Kontrolle verpflichten.

Unter besonderer Überwachung standen die Studentenunterkünfte des Hans-Lochs-Viertels im Berliner Ortsteil Friedrichsfelde. Durch Zusammenarbeit der Räte der Stadtbezirke mit der Volkspolizei sollte eine lückenlose Kontrolle über die Bewohner gewonnen werden, um die sogenannten Partywohnungen und die damit verbundenen Exzesse aufzulösen.

In einem Schreiben der Volkspolizei-Inspektion Lichtenberg heißt es: »Zur Durchsetzung der vorgenannten Aufgaben sind die Rechtsvorschriften voll anzuwenden. Führung von Aussprachen, in denen Forderungen zur Änderung ihres Verhaltens und auf ein ordentliche Äußeres zu stellen sind ... in bestimmten Fällen ist die Anordnung von Heimerziehung in Spezialheimen zu prüfen ...«

Anlass dieser Maßnahmen war die Erkenntnis, dass immer mehr Personen in Westfahrzeugen umherfuhren, um weibliche Personen, insbesondre Minderjährige, anzusprechen und einzuladen. Dazu heißt es in einem Schreiben der Grenzsicherungskräfte: »Bei einer entsprechenden Kontrolle sind die Personalien, Fahrzeugpapiere und der technische Zustand der Fahrzeuge zu überprüfen. Beim mehrfachen Antreffen dieser Personen ist ihnen eine weitere Einreise zu verwehren. Gez. PdVP Berlin, Abt. S und VK«.

Ostfrauen galten unter Westlern als Geheimtipp. Im Gegensatz zu Westhuren waren sie einfühlsamer, verständnisvoller und sinnlicher, nicht ausschließlich nur auf Geld aus und mit viel Spaß bei der Sache. Doch auch diese Vorteile schwanden mit der Einheit und der Währungsunion.

SPASS AN DER »NUTTENBROSCHE«
DER ALEXANDERPLATZ ALS TREFFPUNKT JUNGER MÄDCHEN

Als Walter Womacka 1969 den »Brunnen der Völkerfreundschaft« entwarf, hatte er wahrscheinlich keine Vorstellung davon, welcher Spitzname seinem Kunstwerk schon bald anhängen würde. Wegen seiner farbenfrohen Emaillierungen und der in der Nähe stehenden Prostituierten hieß der Brunnen auch »Nuttenbrosche«.

Anfang der siebziger Jahre war der bunte Brunnen auf dem Berliner Alexanderplatz nicht nur Treffpunkt von herumgammelnden Jugendlichen aus der Provinz und anderen missliebigen Personen, sondern auch von jungen Mädchen, die weniger an Schularbeiten als an Geldverdienen dachten und praktischen Unterricht in Sexualkunde gaben. Statt Mathe, Chemie und Deutsch zu machen, wollten sie Taschengeld verdienen. Sex für Geld, wenn möglich D-Mark oder Dollar. Unter ihnen waren minderjährige Mädchen, zum Teil erst zwölf Jahre alt.

»Sie finden Unterkunft bei Freundinnen, HwG-Personen und älteren Männern. Es muß Sorge dafür getragen werden, daß die Jugendlichen zu ihren Eltern zurückgeschickt werden … in bestimmten Fällen sind Maßnahmen zur Sicherung der Erziehung und Entwicklung der Minderjährigen auf der Grundlage des Jugendschutzes anzuwenden … dabei sollten den Erziehungsberechtigten Pflichten auferlegt, bzw., den Minderjährigen Weisungen erteilt werden. Bei Nichtdurchführung sind konsequent die Ordnungsstrafbestimmungen nach § 63 der Jugendhilfeverordnung entsprechend der Fassung der Anpassungsverordnung vom 15.6.1968 anzuwen-

Im Volksmund »Nuttenbrosche« genannt: der »Brunnen der Völkerfreundschaft« auf dem Berliner Alexanderplatz

den ... begünstigt für diese Umstände ist die unmittelbare Nachbarschaft zu Westberlin und der BRD. Darüber hinaus wirken solche Faktoren wie Egoismus, Individualismus, Habgier, Gleichgültigkeit sowie Geringschätzung und Mißtrauen gegenüber der Gesellschaft und anderen Menschen in nicht unerheblichen Maße mit. Hinzu kommen die durch Westberlin und BRD vermittelten und manipulierten Bedürfnisse, das heißt die Sucht und die Sage des schnellen und leichten Geldverdienens.«

In einem Polizeibericht aus dem Jahre 1971 heißt es: »Ein Angestellter aus Potsdam zeigte den Diebstahl seiner Brieftasche an. Inhalt: hundertsiebzig D-Mark. Bei den durchgeführten Ermittlungen wurde festgestellt, dass der Betreffende mehrmals mit jungen Prostituierten auf dem Alexanderplatz verkehrte und auch zur Tatzeit mit solchen Frauenpersonen zusammen war. Es muss geklärt werden, wie der Mann zu dem Westgeld kam und seine laufenden Besuche bei den jungen Prostituierten finanzierte.«

Eine Sechzehnjährige und ihre zwei Jahre ältere Freundin wurden beim Diebstahl einer FDJ-Fahne und einer lebendigen Gans in einer Laube festgenommen. Beide wohnungslos

mit ständigem Aufenthalt rund um den »Brunnen der Völkerfreundschaft«. Hier gingen beide der Prostitution nach oder
fanden durch angebotenen Beischlaf eine Möglichkeit, bei
einem Mann zu übernachten. Sie waren im Besitz von je zwei
Packungen Mondos »Luxus« und zehn bzw. fünfzehn Westmark. Die Minderjährigen (unter zwanzig) stammen aus Halle
an der Saale und wurden dem Jugendrichter überstellt ...

Es war ein Abend im August Mitte der achtziger Jahre, der
fast nichts zu wünschen übrig ließ. Nur eines fehlte Henner B.: Sex mit einer jungen Frau. Der achtunddreißigjährige
Tischlermeister aus Westberlin hatte seine Mutter besucht
und wollte sich nach einer Portion »Tote Oma« einen Nach-
tisch gönnen. Süß und jung. Wie so oft, bevor er den Grenz-
übergang Chausseestraße heimwärts passierte. Seinen
Citroën parkte er verkehrswidrig vor dem S-Bahnhof Alexanderplatz. Aus Erfahrung wusste er, dass er hier nicht lange
stehen würde. Es waren nur wenige Meter bis zum Brunnen
und wenn Hanna dort wäre, würde er zehn Minuten später
wieder im Auto sitzen. Mit Hanna! Sie sei neunzehn, hatte sie
ihm gesagt, doch sie sah wie sechzehn aus und vielleicht war
sie es auch.

Er erkannte sie schon von weitem. Hanna stand mit zwei
anderen Mädchen vor dem Brunnen und lachte. Als sie ihn
sah, lief sie ihm entgegen. Ein paar Minuten später parkte er
in einer stillen Seitenstraße unter einer Laterne, die schon
seit Monaten nicht mehr leuchtete. Hanna war eine der wenigen Huren, die sich küssen ließen. Sie streifte ihr Oberteil ab
und zog seinen Kopf zwischen ihre Brüste. Klein waren sie,
mit harten, dunklen Nippeln, die er mit der Zunge streichelte.
Ihre Lippen waren weich und ihre Zunge sehr geübt. In seinem Mund und auch an seinem Glied. Als er wenig später in
sie eindrang, bat sie ihn, möglichst lange in ihr zu bleiben. Sie
brauche es heute ganz besonders liebevoll.

Danach erzählte sie ihm wie schon oft von ihrer Mutter,
die ihr ständig Vorträge wegen ihres Lebenswandels hielt
und dabei nicht viel besser wäre. Ständig fremde Kerle in der

Wohnung. Das sei doch zum Kotzen. Und der Vater habe einen sozialistischen Abgang gemacht, wie Hanna es nannte. Deshalb freute sie sich auch jedes Mal, wenn Henner käme. Ihm konnte sie ihr Leid klagen, hatte Spaß und kriegte noch vierzig Westmark obendrauf.

Doch eines Tages traf Henner Hanna nicht mehr an. Ein Mädchen aus der Clique meinte, die Polizei hätte sie vor ein paar Tagen mitgenommen und sie sei seitdem verschwunden.

Außer Hanna warteten hier noch zehn bis fünfzehn Mädchen auf ihre Taschengeld-Papas. Einige kamen gleich nach Schulschluss, andere am späten Nachmittag oder erst gegen Abend. Mindestens die Hälfte von ihnen hatte schon wochen- oder sogar monatelang keine Lehranstalt mehr von innen gesehen. Außer der Abneigung gegen Schulbesuche und den Treffen an der »Nuttenbrosche« hatten die meisten von ihnen noch etwas anderes gemeinsam: ein zerrüttetes Elternhaus.

Auch die siebzehnjährige Maike gehörte zur Brunnen-Clique. Freunde waren die Mädchen untereinander nicht, eher eine Art Notgemeinschaft. Oft im Kampf mit den alten, eingesessenen Frauen, die meist nebenberuflich anschafften und in den jungen Konkurrentinnen eine Gefahr sahen. Doch im Grunde waren sich die Mädchen ziemlich gleichgültig. Es waren Erwachsene in Kinderschuhen. Oder Kinder mit Erwachsenenwünschen.

Maike hatte sich ihren gepunkteten Rock und ihr knappstes Oberteil angezogen, das fast ein wenig schamlos wirkte. Der Trambahnfahrer jedenfalls schaute sie an, als käme sie von einem fremden Planeten. Maike streckte ihm die Zunge raus und setzte sich so, dass er sie im Spiegel beobachten konnte. Um acht war sie mit Ronny verabredet und hatte, weil er es wollte, keinen BH angezogen. Er war zweiundzwanzig, studierte Jura an der HU und wollte wie sein Vater Anwalt werden. Er wohnte bei seinen Eltern in Lichtenberg und zahlte in Valuta, die er, wie er Maike verraten hatte, regelmäßig seinem Vater klaute. Woher der das Westgeld hatte und weshalb er es in einem Schuhkarton auf dem Hängeboden versteckt hielt, wusste Ronny nicht. Einmal in der Woche fuhr er mit seiner Simson vor und knatterte mit Maike hintendrauf in die Wohnung seines Freundes Toni. Während Toni beim Boxtraining viel Schweiß vergoss, schwitzten Ronny und Maike beim Sex.

Außer ihn hatte sie noch zwei weitere feste Freier, denen sie die Telefonnummer ihres Bruders gegeben hatte, der sie über jeden Anruf informierte. Einer ihrer Westfreier brachte sie durch einen Tunnel nach Westberlin. Er hoffte auf die große Liebe mit ihr, die aber nach wenigen Wochen in die Brüche ging. Freiheit ist zwar erstrebenswert, doch ohne Geld und Arbeit war das Leben für Maike schlecht zu ertragen. Also machte sie auf dem Babystrich in der Kurfürstenstraße mit dem weiter, womit sie schon an der »Nuttenbrosche« ihr Geld verdient hatte ...

MARIA AUS LEIPZIG
VOR DEM PROSTITUTIONSVERBOT

Februar 1963: Maria hatte wieder mal Ärger mit ihrer Mutter. Das dreckige Geschirr vom Vortag stand immer noch in der Spüle und gammelte vor sich hin. Sie hatte ihr Bett nicht gemacht und die Sportklamotten lagen wie immer im Zimmer verstreut auf dem Fußboden. Die Hausaufgaben waren auch nicht erledigt.

Maria stand vor dem Spiegel und kämmte sich seit Minuten ihre dunklen Locken. Ein Wort gab das andere. Türen knallten, und weg war die Fünfzehnjährige. Sie habe die Schnauze voll, erzählte sie einer Freundin. Vier Tage schlief sie bei einem älteren Mann, den sie am Leipziger Hauptbahnhof kennengelernt hatte. Er hatte ihr einen halben Broiler und eine Limonade spendiert und sie war, wie sie später der Polizei mitteilte, aus Dankbarkeit mit in seine Wohnung gegangen. Nein, Geschlechtsverkehr habe sie mit ihm nicht gehabt. Nur ein bisschen rumgefummelt. Auf gut Deutsch, sie habe ihm mehrmals einen runtergeholt. Als sie wieder bei ihrer Mutter vor der Tür stand, hatte diese bereits die Jugendhilfe informiert und Maria wurde ins Heim eingewiesen. Der Bruch zwischen Mutter und Tochter war endgültig vollzogen.

Die Idee, dass Strafmaßnahmen eine Umerziehung gefährdeter Jugendlicher bewirken könnten, stellte sich nicht nur im Fall Maria als falsch heraus. Eine strikte Hausordnung, große Schlafsäle, die keine persönlichen Freiheiten ließen. Die Folge war, dass sich die vierzehn- bis zwanzigjährigen Mädchen gegenseitig anvertrauten und Hilfe erhofften. Die meisten von ihnen galten als sogenannte HwG-Personen, die es mit Moral und Sex nicht so genau nahmen. Das jedenfalls wurde ihnen vorgeworfen. Doch oft waren es lediglich junge Frauen, die dem politischen System den Rücken gekehrt hatten und der DDR die Zunge rausstreckten.

In den ersten Wochen im Heim zog sich Maria von allen zurück. Sie wollte ihre Ruhe haben. Sie fühlte sich von ihrer Mutter verraten, die sie auch nicht besuchte. Erst als Maria Kontakt zu ihren »Mithäftlingen« aufnahm, wurde sie gesprächiger und nahm wieder am Leben teil. Mit Kerstin, einer Achtzehnjährigen aus Leipzig, war sie bald freundschaftlich verbunden. Die Blonde und die Schwarze wurden unzertrennlich. Mit ihr machte Maria auch die ersten lesbischen Erfahrungen. Sie erlebte sexuelle Erregung als Nähe und so manche Nacht verbrachten die beiden gemeinsam in einem Bett. Kerstin erzählte ihr, dass sie einige Zeit in der Nordstraße auf den Strich gegangen wäre, bis sie erwischt wurde. Die Ältere schilderte ihre Männerbekanntschaften in allen Einzelheiten. Was die Männer wollten, was sie selbst wollte und dass sie in einer Nacht bis zu hundertsechzig Mark verdient hatte.

Damals nahm sich Maria vor, es später ihrer Freundin nachzumachen. Ihre Unschuld verlor sie acht Wochen später im Jugendwerkhof. Er hieß Sebastian und es passierte an einem Sonntag nach dem Mittagessen. Irgendwie schafften es der Zwanzigjährige und sie, in einem Zimmer ungestört zu sein.

»Endlich bin ich eine Frau«, erzählte sie Kerstin danach und war unsagbar stolz, endlich erwachsen zu sein.

Von nun an traf sie sich regelmäßig mit Sebastian entweder auf dem Männerklo, in der Besenkammer und mit ein bisschen Glück auch mal in einem leerstehenden Zimmer. Doch nach zwei Monaten war der Spaß vorbei. Die Liebelei der beiden war aufgeflogen und Sebastian wurde in ein anderes Heim verlegt. Zurück blieb Maria mit ihren sexuellen Fantasien, die ihr auch Kerstin nicht erfüllen konnte. Also beschloss Maria, sich einsichtig zu zeigen und alle Aufgaben, die ihr gestellt wurden, zur Zufriedenheit der Heimleitung zu erfüllen. Sie putzte doppelt so schnell wie die anderen und beschwerte sich nicht mehr über das Essen. Ihr Ziel war, so schnell wie möglich hier rauszukommen. Doch trotz ihrer Bemühungen musste sie bis zum Frühjahr 1966 warten.

Es war ein regnerischer Apriltag 1966. Maria hatte es geschafft. Kaum hatte sich das Tor des Heimes hinter der Achtzehnjährigen geschlossen, streckte sie ihren Kopf in Richtung Himmel, schloss die Augen und genoss das Prasseln der Regentropfen auf ihrem Gesicht. Zwei Stunden später lag sie total durchnässt, aber glücklich auf dem Sofa in Kerstins Wohnung. Ihre Jugendwerkhof-Freundin war acht Monate vor ihr entlassen worden und hatte eine Wohnung in der Nähe der Petersstraße in Leipzig gefunden. Nicht groß. Eben mal Stube und Küche und Toilette eine halbe Treppe tiefer. Ganz in der Nähe der prächtigen Mädler-Passage mit *Auerbachs Keller*. Doch Kerstin zog es nicht in das Weinlokal mit dem historischen Gewölbe, das die berühmten Tafelgemälde mit Szenen aus Goethes *Faust* zierte.

Das *Cafe Corso*, ein Leipziger Treffpunkt für Künstler, Literaten, Studenten und Andersdenkende, war da eher nach ihrem Geschmack. Das Café war ein Ort des freien Geistes, jenseits staatlicher Bevormundung. Keiner hier wollte sich sein Denken und Handeln vom Staat vorschreiben lassen. Da zum Künstlerleben auch Schnaps, Bier und Frauen gehörten, wurde es zum beliebten Tummelplatz junger Frauen, die den Künstlern die Fantasie beflügelten und ihnen die Nächte versüßten. Bald kamen auch die ersten Huren, die gegen »Entgelt« ihren Körper anboten. Niemand störte sich an ihrer Anwesenheit.

Nach ihrer Zeit im Heim brauchte Maria Geld, und das so schnell wie möglich. Zu ihrer Mutter wollte sie auf keinen Fall zurück, nachdem diese sie nicht ein einziges Mal im Heim besucht hatte. Sie versuchte es als Bedienung in einem gutbürgerlichen Lokal in Messenähe. Die viele Arbeit, den ganzen Tag schwere Tabletts schleppen für einen Hungerlohn, war nicht ihr Ding. Als sie eines Abends von zwei Betrunkenen begrabscht wurde, verschwand sie auf Nimmerwiedersehen.

Dass sie vorher noch kurz in die Kasse gegriffen hatte, brachte ihr eine Anzeige des HO-Gaststättenleiters ein, die mit einer Verwarnung endete. Gerade aus einem Heim entlassen, unerfahren und mittellos – das waren keine guten Grundlagen für eine Achtzehnjährige. Doch es geht immer weiter, selbst wenn man dabei auf die schiefe Bahn gerät.

Kerstin schlug ihr vor, es auf dem Straßenstrich zu versuchen. Maria zögerte zunächst. Als Neuling wollte sie sich erst einmal informieren. Von einem Hausflur aus beobachtete sie das Treiben auf der Nordstraße. Nach vier Tagen stellte sie sich schließlich selbst an den Bordstein. Noch bevor das erste Auto hielt, bekam sie Besuch von zwei Frauen, die ebenfalls auf Freier warteten. Was anfangs nach Streit aussah, klärte sich schließlich friedlich. Maria wechselte zur nächsten Ecke und alle waren zufrieden.

Ihr erster »Freund«, wie sie ihre Freier nannte, war ein Jüngelchen, kaum älter als sie. Unbeholfen wie ein Achtzehnjähriger, der in Papas Wagen seine Männlichkeit beweisen wollte, war er schon befriedigt, nachdem Maria sein Glied in die Hand genommen hatte. Dreißig Ostmark hatte ihn der Sekundenspaß gekostet.

In den nächsten Wochen verdiente Maria genug Geld und zog bei Kerstin aus. Obwohl der Rubel rollte und hin und wieder auch mal ein Westler hielt und mit D-Mark zahlte, fühlte sie sich nie ganz wohl. Das Gefühl, eine Nutte zu sein, verursachte ihr Unbehagen. Der kalte Zigarettenrauch in den Autos, der Gestank nach Schweiß und Sperma widerten sie an. Einige »Freunde« waren okay und benahmen sich wie Kavaliere. Doch die meisten waren entweder verklemmt oder unfreundlich oder sogar aggressiv.

Als Nächstes suchte sie sich eine Stelle in einem Hotel auf der Nordstraße. Zimmerputzen und Bettenmachen war auch nicht gerade ihr Traumjob. Doch Maria begriff sehr schnell, wie sie sich ein wenig Geld hinzuverdienen konnte. Zwischen Badputzen und Bettenaufschütteln blieb immer noch genug Zeit, männlichen Gästen den Morgen, die Mittagspause oder den Abend zu versüßen. Für dreißig Ostmark Oralverkehr –

das war schnell verdientes Geld und weniger anstrengend als Saubermachen. Für achtzig Mark blieb sie auch schon mal die ganze Nacht. Bis sie eines Tages Karl kennenlernte.

Karl war ein Typ von Anfang dreißig, der verdammt gut aussah. Erst hielt sie ihn für einen BRD-Bürger. Jedenfalls lief er nicht in DDR-Klamotten rum. Er hatte sie am Hoteleingang angesprochen und ihr fünfzig Mark für Sex angeboten. Maria zeigte sich empört, denn in letzter Zeit waren verdeckte Ermittler unterwegs, und sie hatte Angst, in eine Falle zu tappen. Doch ihre Bedenken zerstreuten sich, als ihr Karl von einem gemeinsamen Freund erzählte, der ihm von ihrem außergewöhnlichen »Talent« berichtet hatte. Dass er bei dem Wort »Talent« grinste, machte ihn sympathisch. Dann waren sie in ein leeres Zimmer verschwunden und hatten heftigen Sex gehabt.

Was Maria für einen glücklichen Zufall hielt, hatte Karl bewusst eingefädelt, wie er ihr zwei Tage später gestand. Seine Eltern gehörten zu den privilegierten DDR-Bürgern mit einem gut gefüllten Bankkonto. Er selbst bezeichnete sich als Lyriker, der mit seinen Gedichten die Welt verändern wollte. Doch vorerst lebte er vom Geld seiner Familie. Er schlug ihr vor, doch ihr Einsatzgebiet zu wechseln. Er und seine Künstlerfreunde würden im *Corso* verkehren und den lieben Gott einen guten Mann sein lassen. Dazu gehörten nun mal schöne junge Frauen, wie er meinte. Als Musen zum Schmusen und als erotische Begleiterinnen, wie er sich vornehm ausdrückte. Maria verstand auf Anhieb, was er meinte.

In der DDR wurden Denken und Moral von der Partei bestimmt. Frauen waren laut der Verfassung vom Oktober 1949 zwar gleichberechtigt, doch in der Praxis unterstellten Sexualwissenschaftler, dass Frauen sexuelle Lust nur in Verbindung mit Liebe empfinden könnten. Die Familie sei ein hohes Gut der sozialistischen Gesellschaft und ihr erstrebenswertes Ziel. Frauen, die diesem Bild nicht entsprachen, wurden als HwG-Personen abgestempelt. Prostitution sei schmarotzerhaft und würde dem Aufbau des Staates schaden. Prostituierte würden sich auf Kosten staatstreuer Bürger ein Faulenzerleben leisten. Doch wo strikte Normen gelten, gibt es auch immer Menschen, die sich darüber hinwegsetzen. Ein zwangloser Ort war zu Marias Zeiten das Kaffeehaus *Corso*. Hier verkehrten Künstler und solche, die es gern gewesen wären. Wo sich Maler, Dichter und Schriftsteller trafen, waren junge und attraktive Frauen gern gesehen. Darunter auch solche, die einen guten Bürojob hatten und sich nebenbei auf dem Straßenstrich prostituierten. Alle waren sie Teil der Leipziger Boheme.

Maria fühlte sich wohl im *Corso*. Zum einen war Karl zu ihrem Stammfreier geworden, seine Bekanntschaft hatte ihr auch neue »Freunde« gebracht. Sie hatte sich einen festen Rhythmus zugelegt. Gegen sechzehn Uhr Kaffee trinken, vielleicht ein Stückchen Kuchen dazu, Zeitung lesen und danach auf die Nordstraße. Es sei denn, bereits im *Corso* winkte jemand mit einem Schein. Die Preise fingen damals bei einem Pfund an. Doch für zwanzig Mark war Maria nicht zu haben. Unter vierzig lief bei ihr nichts, und das auch nur für gute Freunde. Wer mit Westgeld zahlte, war ab dreißig Mark dabei. Maria war gut im Geschäft. Wer ihr besonders gut gefiel, den nahm sie für hundertzwanzig Mark auch mit in ihre Wohnung. Nur über Nacht durfte niemand bleiben.

Mit Kerstin hatte Maria nur noch wenig Kontakt. Es sei denn, sie oder ihre Freundin aus Heimzeiten hatten einen Freier, der auf einen Dreier stand. Einmal hatte Kerstin einen Typen an der Angel, der seine Westberliner Freunde mit einer Sexparty überraschen wollte. Mit vier Männern und drei Frauen ging in Kerstins Wohnung eine Nacht lang die Post ab.

1968 wurde das *Corso* abgerissen und die Clique zog ins *Centra* in die Petersstraße. Hier verkehrte die Halbwelt und es gab viel mehr Huren als im *Corso*.

»Noch heute erinnere ich mich an vierzig bis fünfzig Namen und Gesichter von Frauen, die hier als Prostituierte anschafften«, erinnert sich eine Zeitzeugin in der ZDF-Dokumentation »Prostitution in der DDR. Sozialismus – Stasi – Sex« (2020) an das Café *Centra*. »Aber auch an gutaussehende, arbeitsscheue Männer, die sich von den Mädchen haben er-

Gestellte Straßenszene mit Wartburg: Ein Mann spricht eine Frau aus dem
Wagen heraus an (um 1960).

nähren lassen. Viele der Frauen gingen auf den Straßenstrich
in der Nordstraße«, heißt es weiter. »Da gab es zwei Kneipen,
das *Kaffeestübchen* und den *Magdeburger Hof*. Freier mit einem Trabi waren eine Seltenheit, große Autos dagegen die
Regel. Im *Magdeburger Hof* gab es eine Puffmutter, Frau Werner. Es wurde erzählt, sie hätte früher ein Bordell betrieben.
Auf jeden Fall hatte sie einen guten Riecher für Polizisten. Die
hat sie schon aus der Entfernung erkannt und alle gewarnt.«

Inzwischen war der Paragraf 249 in Kraft getreten und jeder
im Milieu war noch vorsichtiger geworden. Das MfS und auch
die K I suchten nach Prostituierten, die sie als Spitzel verpflichten konnten. Maria ging einem angeblichen Westler auf
dem Leim, der sie in einem VW Käfer mitnahm. Dass er keinen Sex wollte, merkte sie erst, als sie auf einem in der Nähe
gelegenen Hotelparkplatz hielten. Bevor sie zur Sache kam,

hielt er ihr seinen Dienstausweis unter die Nase. Mit anderen Worten: Maria hatte ein großes Problem. Der nächste Halt war im Hof des Polizeipräsidiums.

Ihre Vernehmung, die der Volkspolizist ein vertrauliches Gespräch nannte, fand in einem ungemütlichen Zimmer in der zweiten Etage statt und dauerte noch nicht einmal eine volle Stunde. Das sie siebzig Westmark in der Tasche hatte, reichte aus, sie wegen Devisenvergehen in die Mache zu nehmen. Leutnant T. zeigte sich allerdings kompromissbereit. Mit seiner einschmeichelnden Art überzeugte er Maria von der Nützlichkeit ihrer Zusammenarbeit mit der K I. Dabei ließ er nicht unerwähnt, was passieren würde, wenn sie sein Angebot ausschlüge. Langes Nachdenken war nicht erwünscht. Maria sagte zu, unterschrieb eine handschriftliche Verpflichtung und wurde für den nächsten Tag noch einmal ins Präsidium bestellt.

In seinem Bericht beschrieb Leutnant T. die neu gewonnene IM als attraktiv, mit überdurchschnittlicher Intelligenz und geeignet, in einschlägigen Leipziger Lokalen westliche Ausländer kennenzulernen. Allerdings wäre sie leicht reizbar und undiszipliniert. Was auch zwei andere Mitarbeiter der K I nach einem weiteren Gespräch am nächsten Tag bestätigten. Ferner wurde vermerkt, dass sie wenig Einsicht bezüglich ihrer sexuellen Eskapaden zeige, was allerdings nicht unbedingt von Nachteil für ihre künftigen Einsätze wäre. Auch weigerte sie sich, eine Aussage über Kerstin zu machen. Sie habe keinen Kontakt mehr zu ihrer Freundin.

Niemand glaubte ihr, doch in Anbetracht der Aufgaben, die sie erfüllen sollte, ließ man sie in Ruhe. Die nächste Messe stand bevor und der Bedarf an Informationen war groß. Maria bekam einen Messeausweis sowie die Standnummer und das Foto eines Autoteileherstellers aus Krefeld ausgehändigt. Sie sollte die Auftragslage seiner Firma auskundschaften und in Erfahrung bringen, wie es mit den Patentrechten an seiner neu entwickelten Benzinpumpe aussieht. Viel kam dabei nicht heraus, denn Maria hatte wenig Lust auf diese Art Agententätigkeit. Dafür nutzte sie den Messeausweis, um

Männer nach ihrem Geschmack kennenzulernen. Das nächste Treffen mit Leutnant T. ignorierte sie.

Zwei Wochen später standen zwei Männer vor ihrer Tür. Es war sieben Uhr morgens und sie war noch nicht ganz wach. Sie solle sich gefälligst etwas überziehen und nicht halbnackt rumstehen, blaffte sie der größere der beiden an. Maria wurde augenblicklich klar, dass das hier kein Spiel war, bei dem sie die Regeln gestalten konnte. Sie versicherte, von nun an pünktlich zu den vereinbarten Treffen zu kommen, die Aufträge auszuführen und regelmäßig Bericht zu erstatten. Nachdem die Männer gegangen waren, schmiss sie sich aufs Bett und heulte stundenlang.

Von den nächsten vier Aufträgen erledigte sie drei zur Zufriedenheit der K I. Danach war ihre Angst verflogen, was sie erneut gegen die Regeln verstoßen ließ. Zweimal wartete Leutnant T. vergebens in der konspirativen Wohnung am Augustusplatz. Um dem nahenden Unheil vorzubeugen, besuchte Maria ihn in seinem Büro und erklärte, sie hätte einen Freund gehabt, der sie wie ein kostbares Schmuckstück bewacht habe. Jetzt habe sie sich jedoch von ihm getrennt und werde in Zukunft wieder pünktlich zu den Treffen kommen. Eine Woche später erzählte sie von einem Westfreier, der in Berlin politisch aktiv wäre. Genaueres wisse sie noch nicht. Da der Politiker lediglich ihrer Fantasie entsprungen war, erfand sie ein paar Geschichten aus dem inneren Zirkel der CDU, die sie grell und bunt ausmalte. Mit Erfolg, denn sie wurde für ihre gute Arbeit sogar belobigt.

»Die sind ja alle voll bekloppt«, erzählte sie ihrem Karl.

Ihren neuen Auftrag sollte sie mit einer von der K I ausgesuchten Kollegin ausführen. Ihre Aufgabe lautete, mit Männern aus dem kapitalistischen Ausland in den Interhotels *Deutschland* und *Astoria* zu flirten und sie auszuhorchen. Unter der Beobachtung ihrer Kollegin Gina konnte sich Maria keinerlei krumme Dinger mehr leisten. Sie verpfiff zwei Frauen aus dem *Astoria*, die sich mit illegalem Geldtausch eine goldene Nase verdienten, und drei Frauen, die sich prostituierten. Eine davon war Zimmermädchen im Hotel

Deutschland und nutzte regelmäßig ihre Spätschicht für sexuelle Nebeneinnahmen.

Doch kaum war man mit ihrer Arbeit zufrieden, überspannte Maria vollends den Bogen. Als Leutnant T. endgültig die Nase voll hatte von ihr, übergab er sie einem älteren Führungsoffizier. Maria sah jetzt ihre Chance, auszusteigen und endlich wieder ohne Zwang zu arbeiten. Beim dritten Treffen verführte sie ihren neuen Führungsoffizier, der kurz vor seiner Rente stand. Eine Flasche Kognak, ein Augenaufschlag, der alles versprach, und ihre Finger zwischen seinen Beinen ließen ihn seine Pflichten vergessen. Damit hatte Maria ihn in der Hand und wusste, er würde sie in Zukunft in Ruhe lassen.

Ihr Plan war aufgegangen. Seitdem war Maria für die K I unauffindbar und man stellte die Zusammenarbeit mit ihr wegen Unzuverlässigkeit ein.

IHR KÖRPER WAR IHR BESTES KAPITAL
DER FALL CLAUDIA T. AUS SCHWERIN

IM »Linda«
MfS AIM 9859/88
BStU 000006
Diensteinheit HA VI/1
Mitarbeiter Aßmann
Reg. Nr. II 396/72
IMS »Linda«

Wieder einmal war Party angesagt. Wie so oft in den vergangenen Wochen. Schwerins Jugendliche trafen sich zum
Feiern, wollten sich Austoben und die Sau rauslassen. Sie
wollten weder von der Polizei noch von der Partei bevor-
mundet werden. Sie wollten über die Stränge schlagen und
den Honeckers und Mielkes zeigen: *Ihr könnt uns mal.* Es
war ein buntes Völkchen, das zusammengekommen war.
Entlassene Strafgefangene, Regimegegner, herumstreu-
nende Jugendliche, die eine negative oder feindliche Einstellung zur DDR hatten, kriminelle Handlungen im Sinn
hatten oder planten. So unterschiedlich jeder war, alle hatten sie eines gemeinsam: Sie waren aufmüpfig, gemäß dem
Wort des Jahres 1971 in der Bundesrepublik Deutschland.
Westmusik dröhnte durch die zwei kärglich eingerichteten
Räume im Südosten Schwerins und erfreute sich bei den
Jugendlichen großer Beliebtheit. Musik, die vom inzwischen entmachteten Walter Ulbricht verboten worden war.
Für ihn war es ein »Versuch westimperialistischer Drahtzie-
her, die akustische Kriegsvorbereitung in die DDR zu tra-
gen«.

Irgendeiner hatte eine Langspielplatte des VEB Deutsche Schallplatten mit Hammer-und-Sichel-Motiv auf dem Cover mitgebracht. Während Deep Purple und Middle of the Road für Stimmung sorgten, wurde die Ost-LP mit dem Kommunismus-Symbol vorne drauf mit Füßen getreten.

»Die Bude ist mal wieder urst verräuchert«, brummte ein vielleicht siebzehnjähriger Junge. Als er sich umdrehte, sah er mit seiner von der Partei beargwöhnten Langhaarfrisur wie ein Mädchen aus. Links neben der Tür knutschte ein Pärchen. Er drückte sich so heftig gegen sie, dass es fast wie Sex im Stehen aussah. Das Mädchen, knapp neunzehn Jahre alt, war Stammgast auf diesen Partys. Die dunklen Haare kurzgeschnitten, schmales Gesicht und Augen, die so manchen männlichen Gast zu mehr aufforderten als nur zum Tanzen.

In dem am 10. August 1972 angelegten »Auskunftsbericht« von Leutnant L. heißt es, Claudia T. sei eine mehrfach bei Partys angetroffene und vernommene Person, die regelmäßig Verbindung zu diesem Personenkreis unterhalte. Die junge Frau sei sehr kontaktfreudig und in der Lage, schnell das Vertrauen anderer Personen zu gewinnen. Aufgrund ihrer Persönlichkeit könne sie Zusammenhänge schnell erkennen und wesentliche Probleme herausarbeiten. Sie unterhalte umfangreiche Verbindungen zu »negativen Personen« der Stadt Schwerin. Dabei handelte es sich hauptsächlich um Rückkehrer und Haftentlassene. Zur Gewährleistung einer allgemeinen Absicherung dieses Jugendkreises solle sie als IMS geworben werden.

Dass Claudia T. häufig und bedenkenlos intime Beziehungen einging und als sexuell aufgeschlossen galt, war Anlass genug, um ihren Lebenswandel genauer unter die Lupe zu nehmen. Bei den Recherchen stellte sich heraus, dass es keine Rolle spielte, ob es sich bei ihren sexuellen Abenteuern um DDR-Bürger oder Ausländer handelt. Die Folgerung aus dieser Tatsache fasste der zuständige MfS-Beamte mit folgenden Worten zusammen: »Beim bisherigen Kenntnisstand muß eingeschätzt werden, daß diese (die sexuellen Abenteuer) sie nicht befriedigen konnten.«

Während die Ermittlungen gegen sie noch liefen, wurde sie einige Wochen später erneut auffällig und bei einer Razzia im Hinterzimmer einer Schweriner Gaststätte festgenommen. Als die Polizisten die Gaststätte betraten, dröhnte ihnen Westmusik entgegen. Es ging hoch her. In dem fast dunklen Raum strahlte rotes Licht von der Decke herab, was einen älteren Beamten zu der Bemerkung veranlasste, hier sähe es ja wie in einem Puff aus und rieche auch so.

Die illegale Party wurde als staatszersetzend eingeschätzt und so mancher Volkspolizist hoffte, bei seinem Einsatz nicht die eigene Tochter oder den eigenen Sohn verhaften zu müssen. Als besonders skandalös wurden die sexuellen Handlungen unter einer Leninbüste bewertet und in den MfS-Unterlagen über Claudia T. vermerkt. Was im Bürokratendeutsch unter »sexuellen Handlungen« zu verstehen war, schilderte eine Siebzehnjährige mit klareren Worten. »Ficken unter der Leninbüste hatte einen besonderen Kick. Sex machte uns Spaß, zumal wir meist angetrunken waren und uns vorstellten, was Erich (Honecker) dazu sagen würde.«

Leutnant L., ein erfahrener MfS-Mitarbeiter, sah es als persönliche Aufgabe an, sich Zugang zu den nicht DDR-konformen Gruppen zu verschaffen. Er war ein dem Staate treu dienender Mann mit der Hoffnung, durch unermüdlichen Einsatz bald befördert zu werden. Von seinen Vorgesetzten geehrt und geschätzt, betrachtete ihn sein näheres berufliches Umfeld als Streber. Obwohl man sich kannte und teilweise privat zusammen grillte und ein Feierabendbierchen trank, waren die Kollegen ihm gegenüber vorsichtig. Seine guten Beziehungen innerhalb der Staatssicherheit waren allgemein bekannt und dienten nicht gerade dazu, ihm zu vertrauen.

Nach Durchsicht der Vernehmungsprotokolle erschien Leutnant L. Claudia T. also als die geeignetste Person für seine ehrgeizigen Ziele, denn sie war weiblich, gutaussehend, sexuellen Abenteuern nicht abgeneigt und äußerst kommunikativ.

Er ließ sie observieren und ihre Nachbarschaft und Verwandtschaft gründlich durchleuchten. An freien Tagen und nach Feierabend beteiligte er sich sogar selbst an der Überwachung. Die Erfahrung lehrt: Wer suchet, der findet. Nach wenigen Wochen stellte sich heraus, dass sie mit einem Mann verkehrte, der ihren Eltern nicht passte. Das war auch der Grund dafür, weshalb sie die Beziehung zu diesem Mann geheim hielt. Und sie fuhr einen Wartburg, beigefarben mit Weißwandreifen, die wahrscheinlich aus der BRD illegal eingeführt worden waren. Ein Umstand, der für eine Neunzehnjährige recht ungewöhnlich war. Woher hatte sie das Geld für den Wagen? Wie viele Westkontakte hatte sie? Genug Fragen, um der jungen Dame mal auf den Zahn zu fühlen.

L. bestellte sie in sein Büro in der MfS-Bezirksverwaltung am Demmlerplatz, dem heutigen Landgericht und Dokumentationszentrum. Das Zimmer 037 im Parterre hatte schon bessere Zeiten gesehen. Gelbe Tapeten, ein Fußboden, der stark nach billigem Bohnerwachs roch, ein Regal mit verstaubten Aktenordnern. Ganz links A–G, ganz rechts O–Z. Die Mitte war leer. Die Buchstaben H–N fehlten. In der Lücke eine faustgroße bunte Glaskugel. Das einzig Fröhliche in diesem Raum. Leutnant L. war ein kleiner Mann mit schütterem Haar, das exakt nach dem goldenen Schnitt gescheitelt war. Er saß an einem Schreibtisch mit abgeschabter Arbeitsplatte. Die Lampe neben den gestapelten Akten hatte einen dicken Riss im Schirm. Hinter ihm, wo vor kurzem noch ein Porträt von Walter Ulbricht angebracht gewesen war, hing ein gerahmtes Foto des Staatsratsvorsitzenden Erich Honecker, der ernst durch seine schwarze Hornbrille blickte.

L. wusste, wie er die Kandidatin anpacken musste. Die Ausbildung an der Hochschule des MfS hatte er schließlich mit Auszeichnung absolviert. Doch sicherheitshalber hatte er kurz zuvor noch mal die Anweisungen für die Befragung Jugendlicher aus der Schublade geholt und überflogen. *Sei freundlich, mache keine Vorhaltungen, nimm die Jugendlichen ernst und begeistere sie für das, was sie für unser Land tun können.* Doch ganz so einfach wie auf dem Papier war es in der Praxis nicht. Claudia T. war ein harter Brocken und nicht leicht zu knacken. Das ahnte er bereits, als sie durch die Tür kam. Er sah es an ihren Augen, die ihn von oben bis unten musterten, und an ihrem Gesichtsausdruck, der kühl und abweisend war und ihm sagte: *Verpiss dich, Alter.* Seinen Handschlag erwidert sie nicht.

Trotzdem musterte L. sie wohlwollend. Auch das hatte er gelernt. Das Mädchen war weitaus hübscher, als in den Protokollen beschrieben. Es war Mitte August, vom warmen Sommerregen offensichtlich überrascht, waren ihre Haare und ihr Kleid durchnässt. Obwohl L. es nicht an sich heranlassen wollte, fand er sie sehr attraktiv. Als unverheirateter Mann in den Vierzigern war er für derlei Reize sehr aufgeschlossen.

In scheinbarer Ungezwungenheit gerieten sie ins Plaudern. L. fragte, was der Grund für ihre häufigen Aufenthalte in der Jugendclique wäre. Sie würde sich dort sehr wohl fühlen und alle wären ihre Freunde, erwiderte Claudia T. Außerdem wäre es ja wohl … Als hätte sie bereits zu viel verraten, verschluckte sie den letzten Teil ihres Satzes und schwieg. L. bot ihr eine Zigarette an. Er gab ihr Feuer und öffnete das Fenster.

»Na gut«, gab sie zu und versuchte vergeblich, Rauchringe in die Luft zu blasen. Nicht alle wären top, manche benähmen sich sogar ziemlich daneben. An dieser Stelle setzte Leutnant L. sein psychologisches Wissen ein. Er lobte ihre offene Art und ihre Bemühungen, sich um straffällige Jugendliche zu kümmern, und er sagte ihr, dass er das Gefühl habe, sie würde dem Staat in jeder Hinsicht guttun. Claudia T. drückte überrascht die Kippe aus. Sie hatte den drohenden Zeigefinger erwartet. Sichtlich erleichtert verabschiedete sie sich und stimmte einem weiteren Treffen in ein paar Monaten zu.

Inzwischen hatten die Mitarbeiter der Observierungsabteilung des MfS ermittelt, dass Claudia T. mehrmals unberechtigt im Wohnheim eines verheirateten IMK vom Wohnungsbaukombinat auf dem Großen Dreesch übernachtet hatte. Beim letzten Besuch sei sie um sechs Uhr fünfzehn am nächsten Morgen mit dem Bus weggefahren.

Mit diesem Besuch hatte sie gegen die Hausordnung verstoßen. Besuche von fremden Personen waren untersagt. In ihrer Akte steht der Vermerk: »Die Verbindung mit diesem Mann existiert gegen den Willen ihrer Eltern. Sie ist sehr daran interessiert, daß dieses Verhältnis nicht bekannt wird und sie will unbedingt vermeiden, daß ihre Eltern von der Verbindung erfahren. Deshalb ist anzunehmen, daß sie einer Zusammenarbeit zustimmen wird.«

Das nächste Kontaktgespräch fand am 28. November 1972 statt. Für Leutnant L. eine günstige Gelegenheit, Claudia T. auf die illegale Übernachtung und die Beziehung zu ihren Eltern anzusprechen. Diesmal kam sie in Jeans, die offensichtlich aus dem Westen stammten, und einer schwarzen Lederjacke. Den Kragen rockermäßig hochgeschlagen und kaugummi-kauend saß sie vor ihm. Ob es an ihrem attraktiven Aussehen lag oder an seiner Dienstauffassung, wusste er selbst nicht, denn obwohl ihm das lässige Kauen und ihr trotziger Blick nicht gefielen, blieb er freundlich. Wieder bot er ihr eine Ziga-rette an, die sie sich diesmal selbst anzündete. Er legte die Karten teilweise auf den Tisch und versprach, den Besuch im Wohnheim zu vergessen, was sicherlich auch in ihrem Sinne wäre. Bei diesen Worten lächelte er sie kumpelhaft an.

Claudia T. verzog keine Miene. Auf die Frage, weshalb ihre Eltern den Freund nicht mochten, gab sie keine Antwort. Auf ihr Schweigen hin erklärte L., dass es im gegenseitigen Inter-esse läge, wenn ihre Eltern besser nichts von dem Verhältnis erführen. Das könne er versprechen. Es läge jetzt an ihr, den Fehler wiedergutzumachen.

Claudias Gesicht blieb ausdruckslos. Aber sie nickte, was wohl so viel wie Zustimmung bedeutete. Leutnant L. hatte ge-wonnen und unterbreitete ihr einen Vorschlag:

»Als Bürgerin der DDR ist es bestimmt auch für Sie von Be-deutung, dass unser sozialistischer Staat vor kriminellen Ele-menten geschützt werden muss. Da einzelne Mitglieder aus Ihrem Umfeld erwiesenermaßen zu diesem Personenkreis dazugehören, gebe ich Ihnen die Möglichkeit der Wiedergut-machung Ihrer Verfehlungen. Wir erwarten von Ihnen, dass Sie Augen und Ohren offenhalten und uns verdächtige Per-sonen melden.« Pause!

Wie Leutnant L. erwartet hatte, stimmte Claudia T. seinem Vorschlag zu, und zwar diesmal nicht mit einem Nicken, sondern mit einem deutlichen »Ja«. Es folgte eine handschriftliche Verpflichtungserklärung, in der sie versicherte, mit keiner anderen Person über diese Zusammenarbeit zu sprechen. Sie wurde darüber hinaus darüber belehrt, dass sie bei Bruch dieser Erklärung nach den geltenden Gesetzen der DDR zur Verantwortung gezogen werden könnte. Aus Claudia T. wurde IM »Linda«.

Fünf Jahre später. Nach einer kurzen Unterbrechung ihrer Tätigkeit wegen eines Schwangerschaftsabbruchs war IM »Linda« einer von sechstausendfünfhundertzwölf Inoffiziellen Mitarbeitern der Stadt Schwerin mit ihren hunderttausend Einwohnern.

In einem von Leutnant L. angefertigten Protokoll zur Einschätzung des IM »Linda« beschreibt er sie als ehrlich, zuverlässig, neugierig, abenteuerlustig und verschwiegen. Ferner gehe er aufgrund seines persönlichen Eindrucks davon aus, dass sie ihre Verpflichtungserklärung aus politischer Überzeugung unterschrieben habe. Als Angestellte des Hotels *Stadt Schwerin* hätte die Kandidatin die Möglichkeit, sich länger und ungestört mit Personen zu unterhalten, die im Interesse des MfS stünden.

Weiter hieß es, ihrem äußeren Erscheinungsbild nach sei sie gut gebaut und ihre Wirkung auf Männer wäre nützlich für ihren Einsatz. Der Stasi-Leutnant schlug vor, sie weiter im Umfeld der subversiven Gruppe zu belassen, um Erkenntnisse über feindliche Gesinnungen gegenüber der DDR, geplante Straftaten und unerlaubtes Verlassen des Staatsgebietes zu erlangen.

Wie sich in weiteren Gesprächen herausstellte, erfüllte »Linda« ihre Aufgaben zur vollen Zufriedenheit. Von nun an erfolgten in regelmäßigen Abständen konspirative Treffen teils in einem Café am Marktplatz und auch in ihrer Wohnung. Einige Monate stand sie noch unter Beobachtung, um sicherzustellen, ob ihre Haltung und ihre Angaben erdacht und geschauspielert oder ob sie echt waren. Obwohl sie zwei geplante Straftaten gemeldet hatte und die Täter aufgrund ihrer Aussagen gefasst worden waren, blieb immer noch ein Rest Misstrauen. Ihre Wohnung wurde verwanzt mit der Gründlichkeit, die das MfS stets an den Tag legte. Nichts dem Zufall überlassen und mit Augen und Ohren überall präsent sein. Dem Mikro unter dem Bett, den zwei versteckten Kameras an der Decke und der dritten im Buchregal entgingen nichts.

Leutnant L. und seine Vorgesetzten waren mit dem Ergebnis zufrieden. Alles lief nach Plan und schließlich wurde Claudias Überwachung eingestellt. Sie hatte sich als gute Informantin bewiesen.

Zwei Jahre später allerdings wurde der Verdacht geäußert, dass neben ihrer sexuellen Befriedigung und ihrer Staatstreue die finanziellen Interessen immer mehr an Bedeutung gewinnen würden. Einige der erotischen Treffen verlegte sie oft in ein Hotel am See und einmal war sie sogar tagelang verschwunden. Durch verschiedene Tricks versuchte sie, sich ihrem Führungsoffizier zu entziehen. Der neue Lagebericht über sie fiel deshalb natürlich weniger freundlich aus: Durch ihr Verschulden gab es während der Sommermonate längere Treffpausen. Trotz wiederholter Ermahnungen änderte sie ihr Verhalten nicht. »Dazu muß jedoch eingeschätzt werden, daß der IMS größere private Probleme hat, die er zwar bei vorherigen Treffs erwähnt, aber nicht näher beschrieben hatte ...«

Nach einer Aussprache über ihr Verhalten versprach sie Besserung und man schickte »Linda« nach Prag in die ČSSR. Ihr Opfer war ein bulgarischer Diplomat, der im Verdacht stand, als Agent für die USA zu arbeiten. Nach mehreren Treffen in einem Hotel mit Blick auf den Wenzelsplatz schilderte sie den Mann allerdings als sauber, aber ihr sexuell verfallen. Auf die Frage ihres Führungsoffiziers, wie er das zu verstehen habe, fragte sie frech zurück, ob sie ihm auch mal einen blasen solle.

Noch zweimal wurde sie nach Prag geschickt. Ihre Opfer hießen Claus und Bernd, zwei Brüder aus der westdeutschen Metallbranche, mit denen die DDR Geschäfte machen wollte. Man versprach sich viel vom Sex mit Blick auf den Wenzelsplatz.

Da Claudia eine gute Freundin in Berlin besaß und diese auch schon mehrmals besucht hatte, entschloss sich das MfS, sie in der Hauptstadt der DDR einzusetzen. Die Stasi richtete ihr eine Liebeswohnung ein mit exklusiven westlichen Möbeln, Ausstellungsstücken von der Leipziger Frühjahrsmesse. Auch diese bespickte sie mit Spionagetechnik. Das abgehörte Liebesgeflüster und Stöhnen waren eine willkommene Abwechslung für die Techniker und das aufgezeichnete Filmmaterial von insgesamt fünfundvierzig Stunden hätte jeden Pornofilmproduzenten zum Jubeln gebracht. Doch wenige Wochen später waren die Aufnahmen verschwunden und tauchten nie wieder auf. Wer hatte etwas zu verbergen? Waren ranghohe MfS-Mitarbeiter darauf zu sehen oder Politiker der SED-Garde aus Wandlitz? Oder hatte ein Mitarbeiter die Bänder für den Hausgebrauch mitgehen lassen? Diese Fragen wurden nie geklärt.

Aufgrund ihrer lukrativen Tätigkeit im Bett war Claudia materiell sehr gut gestellt und hatte keine finanziellen Sorgen. Sie fuhr mittlerweile einen Pkw vom Typ Citroën, die Wohnungseinrichtung bestand fast gänzlich aus antiken Möbeln und ihren Freunden hatte sie erzählt, fünfzigtausend D-Mark an einem sicheren Ort versteckt zu haben. Auch die Stasi hatte sich inzwischen damit abgefunden, dass ihr Motiv für die Zusammenarbeit die Duldung der häufig wechselnden Männerbekanntschaften und das damit verbundene Geld waren.

»Linda« genoss es, mit ihrem blauen Citroën durch Berlins Straßen zu fahren. Sie, das Mädchen aus der Provinz, war stolz auf das, was sie erreicht hatte. Na gut, sie vögelte für Geld, aber es gab Schlimmeres. Und da nicht nur die Männer Spaß im Bett hatten, sondern auch sie, sah sie sich noch nicht einmal als Prostituierte.

Manchmal fuhr sie in der Dämmerung die prachtvolle Karl-Marx-Allee entlang. Zwei Komma drei Kilometer Schaulaufen, nur eben nicht zu Fuß. An roten Ampeln lächelte sie

Illustration von Werner Klemke aus der Broschüre *Liebe, Sex und Paragraphen*, erschienen 1988 im Staatsverlag der DDR

nach links und rechts. Sie wollte bemerkt und bewundert werden. Oft endete die Fahrt vor der kleinen Eisdiele in der Warschauer Straße. Der dicke Eismann mit dem Stoppelhaarschnitt begrüßte sie stets mit einem Lächeln. Drei Kugeln Himbeereis mit geschlagenem Eiweiß obendrauf standen wenig später vor ihr auf dem Tischchen mit der abwaschbaren Blümchendecke. All diejenigen, die sie von früher kannten, schätzten sie inzwischen als hochnäsig und eingebildet ein. Auffallen um jeden Preis war schon in Schweriner Zeiten ihre Art gewesen, doch im Vergleich zu jetzt war sie damals fast ein Mauerblümchen gewesen.

Auch Leutnant L. nahm das Gehörte nicht eben begeistert auf. Für ihn war ihr Verhalten zu auffällig. Er befürchtete, dass die Sache verdammt in die Hose gehen könnte. Doch »Linda« ließ sich nicht in ihr Privatleben reinreden. Auch nicht, als sie sich in einen Arzt von der Charité verliebte und kaum noch Zeit für ihre eigentliche Aufgabe hatte. Wilder Sex im Ärztezimmer oder zärtliche Umarmungen im Bett ohne Bezahlung hatten einen ganz besonderen Reiz. Als Leutnant L. meinte, sie müsse die Liebelei beenden, schmiss sie ihn aus der Wohnung.

Die Spannung zwischen Staatstreue, kapitalistischem Geldverdienen und privater Liebe blieb bis zum Ende ihrer IM-Tätigkeit bestehen. L. hatte mehrmals mit dem Gedanken gespielt, die Zusammenarbeit mit ihr zu beenden, doch nach Rücksprache mit seinen Vorgesetzten wieder verworfen. Ihre Ergebnisse waren zu gut, als dass man auf sie verzichten wollte. In einer neuerlichen Beurteilung hieß es:

»Die Einsatzrichtung des IMS ›Linda‹ ist neu festzulegen. Der IM ist u. a. zur Sicherung der Aufenthaltsobjekte (IH *Metropol* und *Palasthotel*) von Polittouristen einzusetzen. Diese Maßnahme ist mit der Abteilung Tourismus abzustimmen. Es ist wesentlich, den IM fester an das MfS zu binden ... Das verlangt gründliche Erziehungsarbeit ... da der IM keiner geregelten Arbeit mehr nachgeht und seinen Lebensunterhalt ausschließlich durch Prostitution verdient, ist sie finanziell unabhängig. Der IM unterhält diesbezügliche Kontakte nur zu Bürgern des NSW, welche er bevorzugt im *Palasthotel*, Hotel *Metropol* und auf der Leipziger Messe im Hotel *Merkur* kennenlernt. Zielstellung ist, da sich der IM mit diesen Personen auch in seiner Wohnung trifft, die operativ-technischen Mittel auf den neuesten technischen Stand zu bringen, um diese Treffen unter Kontrolle zu halten.«

Da Claudia–»Linda« nach anfänglicher Besserung jedoch wieder unzuverlässig wurde, erfolgte ihre erneute Bespitzelung. In ihrer Stasi-Akte befindet sich die Tonbandabschrift des IMS »Klaus Mehl«, hier ein Auszug: »»Sie ist in den Berliner Interhotels als Strichkollegin bekannt. Das habe ich von der besagten Freundin erfahren, mit der sie hin und wieder zusammenarbeitet und Freier tauscht. Sie hat mir vertraulich erzählt, daß Claudia T. seit mehreren Jahren als IM arbeite und mehrfach vom MfS geschult worden war. Sie würde zielgerichtet Kontakte, die ihr auf Fotos gezeigt werden, kennenlernen und aushorchen. Dabei gehe es in erster Linie stets um Sex. Ihr Körper wäre ihr bestes Kapital und so lange die Männer geil auf sie sind, werde sie so weitermachen, hat sie der Freundin erzählt. Es wird erzählt, sie wäre an einem Café direkt neben dem *Cafe Märchenbrunnen* in Friedrichshain finanziell beteiligt. Ursprünglich war sie vom MfS auf einen Mitarbeiter des Cafés angesetzt worden, der im Verdacht stand, für den Bundesnachrichtendienst zu arbeiten.‹ Des weiteren berichtete IM ›Klaus Mehl‹, daß vor vierzehn Tagen in ihre Wohnung eingebrochen (wurde) und Schmuck und Bargeld im Wert von 60.000 Ostmark gestohlen wurden. Außerdem hätte sie in ihrem Briefkasten die Visitenkarte eines BRD-Bürgers gefunden, mit dem sie mehrmals geschlafen habe. Auf der Rückseite soll gestanden haben: ›mach nicht so viel theater, sonst erfahren alle, daß du eine nutte bist‹. Der Freundin habe sie auch erzählt, daß sie für eine Nacht mit einem BRD-Bürger tausend Mark erhalte und daß sie 200.000 DDR-Mark in bar und eine Million in Wertgegenständen besäße. Er sei der Auffassung, daß ihre Dekonspiration der Freundin gegenüber aus psychischer Belastung heraus geschah. Gezeichnet Major Schwarzfeld.«

Um keine Risiken bezüglich ihres psychischen Zustands einzugehen und ihre Staatstreue zu überprüfen, schickte das MfS männliche Mitarbeiter mit sogenannten Überprüfungsaufträgen in »Lindas« Bett. Näheres wurde in den Berichten nicht beschrieben. Aber es ist anzunehmen, dass an »Testern« kein Mangel herrschte. Für den Fall, dass unverhofft ein

Treff vereinbart werden musste, warf man »Linda« eine Mitteilung in den Briefkasten. Dann rief sie die darin notierte Telefonnummer an. Zur Erkennung war ein Code vereinbart. IM »Linda«: »Ich habe einige schöne Stücke Meissener Porzellan, haben Sie Interesse?« Antwort des MfS-Mitarbeiters: »Am besten Sie kommen mit den Stücken vorbei.«

In den Berichten wird auch der Kontakt zu einem verheirateten Bundesbürger erwähnt. Der Geschäftsmann aus der BRD stand bereits seit Monaten im Visier des MfS. »Lindas« körperlicher Einsatz sollte Informationen über seine Verbindungen zu Schleuser- und Menschenhändlerbanden bringen. Nach Stasi-Recherchen war Bodo W. ein Mann mit ausgeprägtem Hang zu schönen Frauen und »Linda« genau sein Typ. Sie lernte ihn »zufällig« in einem Restaurant in der Husemannstraße kennen, denn sie wurden rein »zufällig« am selben Tisch platziert. Noch am selben Abend landeten sie im Bett. Ein sexuelles Verhältnis entwickelte sich, das nach Einschätzung des MfS bei ihm zur sexuellen Hörigkeit geriet. Es ging so weit, dass Bodo W. sogar seine Frau verlassen wollte und »Linda« versprach, sie auf illegalem Weg nach Westberlin zu bringen. Auch bot er ihr mehrfach an, sie in Westberlin finanziell zu unterstützen.

Leutnant L. wirkte auf »Linda« ein, sich darauf einzulassen, ihn jedoch so lange wie möglich hinzuhalten und auszuhorchen, um mehr über die Schleuserbanden zu erfahren. Bodo W. schöpfte keinen Verdacht und plauderte die Einzelheiten aus. Die Informationen dazu sind in ihrer Stasi-Akte mit dem Stempel »streng geheim« versehen. Sie selbst erbot sich Bedenkzeit, weil sie ihre Familie nicht Hals über Kopf verlassen könne.

In der Akte liest sich der Vorgang in Auszügen so: »Aufgrund des Sachverhaltes wird folgende Vorgehensweise vorgeschlagen: Der IMS ›Linda‹ soll den Kontakt dem illegalen Verlassen der DDR zustimmen und ihren Liebhaber auffordern, sich in der BRD nach einem seriösen Fluchthilfeunternehmen zu erkundigen, daß sie ihr Schicksal jedoch nur solchen Fluchthilfeunternehmen anvertraut, welche ein hohes

Maß an Sicherheiten gewährleisten. Gleichzeitig soll der IM andeuten, daß er in finanzieller Hinsicht gutgestellt ist und seine Ausschleusung bezahlen könnte. Das Ziel besteht darin, dem IMS ›Linda‹ in das Blickfeld krimineller Menschenhändlerbanden zu bringen, um somit Voraussetzungen zur Bekämpfung von Verbrechen gemäß §§, 55 105 und 213 StGB zu schaffen.«

Der Schleuser wurde verhaftet und IM »Linda« zog sich nach und nach aus dem schmutzigen Geschäft zurück. Sie pflegte, nachdem ihr Vater verstorben war, ihre kranke Mutter. Was sie heute macht und wo sie lebt, ist nicht bekannt.

MIT DEM NUTTENZUG NACH LEIPZIG
SEX IM INTERHOTEL

In der DDR zu wohnen, bedeutete nicht selten stundenlanges Anstehen für Butter, Kaffee und Obst. Jahrelanges Warten auf einen Kühlschrank, Fernseher und Trabi. Es gab jedoch auch eine zweite DDR. Noble Interhotels in den Großstädten, die Leipziger Messen mit den unerreichbaren Dingen des Westens. Kein Wunder, dass diese Begehrlichkeiten so manche DDR-Bürgerin schwach werden ließen. Manch eine pfiff auf Anstand und Moral, wenn es um D-Mark, Dollar oder japanische Yen ging. Aus dem Yen wurde oft eine *Yoni* (Sanskrit-Wort für »Vagina«), ein beliebtes Zahlungsmittel leichter Mädchen.

»Sex für Devisen«, lautete die Devise. Die Moral blieb draußen vor der Schlafzimmertür, Lust und fremde Männer mit hammerharten Argumenten durften unter die Bettdecke schlüpfen. Da wurde gefummelt und gestöhnt, ob in echt oder zum Schein. Kaum ein Mann bemerkte den feinen Unterschied. »Ficken für den Frieden«, nannten es die staatstreuen Damen und verrieten die Bettgeheimnisse dem MfS. »Poppen für ein besseres Leben«, meinten die Ehrlichen, die für einen Farbfernseher oder eine Waschmaschine weiter gingen als ihre Nachbarin im Plattenbau. »Handel durch Wandel«, war hier auch das Motto der SED-Führung. Dass Prostitution seit 1968 offiziell verboten war und als asoziales Verhalten bestraft wurde, störte weder Honecker noch die übrigen Genossen. Und Mielkes Mannen kamen auf diese Weise an Informationen, die sie niemals sonst erfahren hätten. »Angriffsfront Intimleben« und »operative Betten«, waren die Handlungsräume beim MfS.

»Mit dem Nuttenzug nach Leipzig«, hieß es, wenn zum Beginn der Frühjahrs- und Herbstmessen überfüllte Bahnen nach Leipzig fuhren. Junge Frauen, die sich zu Messezeiten krank meldeten oder Urlaub machten, wurden verdächtigt, sich mit Männerbekanntschaften Westmark zu verdienen. Sozialismus hin, Sozialismus her. Was sich seit Jahrhunderten bewährt hatte, war auch in der DDR nicht nur geduldet, sondern von der Staatsführung auch gewollt. Die Leipziger Messen, das Eldorado der schnellen, unverbindlichen Lust. Während die Ehefrau in Paris, Westberlin oder Hamburg auf die Rückkehr ihres Gatten wartete, bewies dieser seine Männlichkeit im Bett eines Interhotels oder in einem der von der Stasi eingerichteten privaten Liebesnester. »Lauschangriffe der Liebe«, sagte man. Damit der Stasi nichts entging, vertraute man modernster Kamera- und Abhörtechnik.

Der Lauscher an der Wand hört seine eigene Schand', besagt ein bekanntes Sprichwort. Erich Mielke nannte es »das Ohr am Mund des Bürgers«. Eine Aufgabe, bei der die Ohren röter wurden als die Gesinnung. Keine nachgestellten Szenen, nein, das hier war echtes Liebesleben, staatlich beauftragt, staatlich übertragen und staatlich abgehört.

Für den Geheimdienst zu lauschen war eine Aufgabe, um die sich besonders ältere Mitarbeiter des MfS rissen. Nicht bei Regen nasse Füße kriegen oder einen Schnupfen holen, sondern im Warmen sitzen und heiße »Pornos« hören und sehen. So wie Bruno Z., ein in die Jahre gekommener Agent der Abteilung 26, zuständig für Telefonüberwachung. Gicht und Rheuma plagten den Mann, doch seine Ohren waren voll intakt. Sein Platz war der »Notvermittlungsraum« im Keller des Dresdner »First-Class-Hotels« *Bellevue*, wie das Interhotel zu seiner Eröffnung 1985 beworben wurde. Während devisenstarke Gäste über die Altstadt blickten oder von Lore oder Petra oral befriedigt wurden, schauten Bruno Z. und seine Kollegen auf die Bildschirme der Überwachungskameras. Auch der Telefonverkehr wurde mit Tonbandgeräten aufgezeichnet. Sogar die Dienstzimmer des Personals und die Telefonzellen in der Halle blieben nicht ohne geheime Zuhörer. Und die Liste der Hotel-IM war lang. Achtundvierzig Angestellte, verteilt von der Gastronomie bis in die Chefetage, spionierten nebenbei für das MfS.

Die *Bild* berichtete 2011 über »tollpatschige Spitzel und Hotelangestellte«, die sich im Leipziger Interhotel *Merkur* gegenseitig verrieten, wie die Boulevardzeitung »rund 200 Seiten aus der Stasi-Akte des DDR-Devisenhotels« entnommen habe. Sie erzählte von drei Zimmern, die für die Stasi reserviert waren, über Videokameras und über einen IME mit dem Decknamen »Günter Merkur«. Ein Spitzel in hoher Position, der später in Ungnade fiel, weil er nicht nur die Ohren aufhielt, sondern auch die Hand. Als er dummerweise in einem überwachten Zimmer Skat spielte, war das Maß voll.

Doch nicht alles ging schief. Besondere Verdienste erwarb sich »Brigitte«, eine Edelhure mit der Eigenschaft, Männer zum Plaudern zu bringen und die Informationen gewissenhaft in Schriftform weiterzuleiten. Auch der Sicherheitchef des Hotels wurde ihr Opfer. Für vierzig Westmark Schmiergeld hatte er eine andere Prostituierte im *Merkur* arbeiten lassen, was »Brigitte« ebenfalls dokumentierte. Ihre Belohnung für den Anschiss: eine Reise nach Bulgarien. Laut *Bild* wurde sie im Juni 1989 ausgemustert. Mit achtundvierzig Jahren hatte das MfS keine Verwendung mehr für sie.

Nicht nur zu Messezeiten liefen Stasi-Huren zur Höchstform auf. Sämtliche Interhotels der DDR waren Hochburgen der käuflichen Liebe, Hotels, in denen eine Nacht so viel kostete, wie die Jahresmiete eines DDR-Bürgers betrug. Die Hotelbars hießen »Begegnungsstätte« und Huren waren gern gesehene Gäste. Sie boten den männlichen Besuchern auch im sozialistischen Umfeld das, was sie aus kapitalistischen Ländern gewohnt waren. Sogar eine Diplomarbeit zu diesem Thema aus dem Jahr 1986 gibt es. Ihr sperriger Titel: »Die Feinbildvermittlung an Inoffizielle Mitarbeiter. (Dargestellt in der Zusammenarbeit mit Inoffiziellen Mitarbeitern aus dem Valutahotel *Merkur* Leipzig)«. Frei übersetzt: »Wie kann man Freier um D-Mark erleichtern und Informationen erhalten?«

Annetta Luckenbach, ehemalige Empfangssekretärin im Berliner Devisenhotel *Metropol* und später im *Palasthotel* tätig, erinnert sich während eines Interviews in der ZDF-Dokumentation »Prostitution in der DDR. Sozialismus – Stasi – Sex« (2020): »Im Rahmen dieser Tätigkeit habe ich festgestellt, dass es Prostitution gab. Wenn ein Mann, der alleine eingecheckt hatte, abends mit einer Frau durch die Tür kam und in Richtung Fahrstuhl lief, wurde er höflich darauf aufmerksam gemacht, dass sich die Dame doch bitte eintragen soll. Jeder von uns wusste, dass die Prostitution ein Teil des Systems war. Im Laufe der Jahre hat man natürlich die Frauen gekannt und wenn Zeit war, ergaben sich manchmal auch Gespräche. Einige haben erzählt, was sie verdient haben. Was eine Empfangssekretärin im Monat bekam, verdienten sie in einer Nacht. Der materielle Wohlstand war deutlich zu sehen. Die Kleidung wurde besser und zum Schluss fuhren einige sogar mit dem eigenen Auto vor.«

»Aufbettung« hieß es im Fachjargon, wenn der Hotelgast eine Frau mit aufs Zimmer nahm. Das kostete je nach Stadt und Hotel zwischen dreißig und sechzig Westmark pro Nacht. Gutes Geld, das oft an der Hotelleitung vorbei in private Taschen floss.

Auch Jan Friedrich, früherer Angestellter in einem Leipziger Messehotel, erinnert sich in der ZDF-Doku an die Zeit, in der schöne Frauen die Hotelbar als ihren Arbeitsplatz betrachteten. »Die Frauen bildeten einen Querschnitt der weiblichen DDR-Bevölkerung. Arzthelferinnen, Sachbearbeiterinnen, Friseusen und Verkäuferinnen. Sie kamen aus allen Teilen der DDR.«

In den einundsechzig Kilometer Stasi-Akten und rund zwei Millionen Fotos ist auch so manche Physik- oder Architekturstudentin zu finden, die mit ihrem Körper das Studium finanzierte. Tagsüber mit Block und Stift im Hörsaal, nachts mit Straps und Minislip auf Männerfang. Sogar angehende Ärztinnen gab es unter ihnen. Von den Toten im Anatomiesaal zu den Lebenden im Hotel. So manche tote Hose wurde zum Leben erweckt. Zurechtgemacht mit Lippenstift und Rouge, in einem kurzen Kleid mit gewagtem Ausschnitt, saßen sie an den Bars der Devisenhotels, nippten an ihrem Cocktailglas und suchten Anschluss.

Eine von diesen Studentinnen war Christina aus einem Dorf in der Nähe von Dresden. Die Zweiundzwanzigjährige besaß alles, was Genosse Mielke sich für seine »Operation Betten« wünschte. Blonde Haare, mit denen sie gern spielte, die sie wie zufällig aus dem Gesicht strich und dabei verträumt vor sich hinsah. Ihr Blick hatte etwas Hilfloses, die schlanken Beine ließen den Fantasien freien Lauf. Eine Mischung, die gefiel und verwirrte. Wenn sie auf dem Barhocker saß, sich ihre Finger über die Oberschenkel schoben, hatte sie ihren perfekten Auftritt. Das Mädchen vom Lande mit Zöpfen und aufgeschlagenen Knien, aufgewachsen zwischen Kühen und Schafen, spielte nun mit Männern, als wären es ihre Puppen.

»Als ich an die Humboldt-Uni nach Berlin kam, war ich ein unbeschriebenes Blatt. Okay, ich war zwar keine Jungfrau mehr, aber meine Erfahrungen beschränkten sich auf genau zwei Männer. In den ersten Wochen fühlte ich mich alleine und blieb fast jeden Abend in meiner Einraumwohnung in Friedrichshain und lernte chemische Formeln und ihre Bedeutung auswendig. Ich galt schnell als Streberin und fühlte mich ausgeschlossen. Wenn die anderen Party machten, saß ich über meinen Büchern und büffelte.«

Das änderte sich spontan, als sie Melanie kennenlernte, die ihr nach ein paar Wochen verriet, woher das Geld für Westfernseher und Stereoanlage stammte. »Für Geld schliefe sie mit Männern und gehe im Hotel *Metropol* anschaffen. War ich über ihr Geständnis entsetzt? Nein! Eher war ich neugierig geworden. Sie erzählte, dass Westmänner anders riechen und dass ihnen das Geld locker in der Tasche saß. Also entschloss ich mich, auch mal an einem Westmann zu schnuppern. Tatsächlich, er roch nicht nur anders, sondern auch besser als die übrigen Männer um mich herum. Ich hatte Spaß, verdiente gute D-Mark und wurde ständiger Gast in verschiedenen Interhotels.«

Christina begriff sehr schnell, dass in den Devisenhotels kapitalistische Regeln galten. Hatten DDR-Bürger zuvor nach dem Grundsatz »Hilfst du mir, helfe ich dir« gelebt, lief jetzt ohne Schmiergeld gar nichts ab. Vom Portier bis zum Barmann hielten alle die Hand auf. Zehn Prozent von dreihundert D-Mark für einmal Geschlechtsverkehr machen dreißig Mark. Das von vier oder fünf Mädchen in einer Nacht ergab mehr als nur ein Trinkgeld. Was als Experiment gedacht war, wurde für Christina bald zum Dauerzustand. Sogar über die Wende hinaus blieb sie dem Rotlichtmilieu treu.

Barmixer verkuppelten »ihre« Mädchen an lukrative Wessis. Kellner platzierten Frauen gezielt an die Tische interessanter Männer. Mann lernte schnell und Frau hatte Geld für ihren Einkauf im Intershop. Es ergaben sich auch dauerhafte sexuelle Affären, die weder als reine Prostitution noch als feste Beziehung gedeutet werden können. Sozusagen Freundschaft plus. Einige Frauen wurden Begleiterinnen auf Dienstreisen, übernahmen oft sogar die Aufgaben einer Sekretärin. Kaffeekochen und nächtlicher Einsatz inklusive.

In einem Leipziger Interhotel nutzten attraktive Frauen, die zum Personal gehörten, die Arbeit als Gelegenheit zum weiteren Geldverdienen. Zimmermädchen machten nicht nur die Betten. Sie legten sich für harte Währung auch hinein. Kellnerinnen servierten Rotkäppchen-Sekt aufs Zimmer und blieben für ein Trinkgeld gern länger. Eine Rezeptionistin vom Hotel *Stadt Berlin* vermittelte einigen Herren lieber ihr eigenes Bett als ein Zimmer im Hotel.

Berndt Marmulla, zu DDR-Zeiten Leiter des Dezernats X und Autor bei der beliebten Buchreihe »Blutiger Osten«, erlebte in den achtziger Jahren folgende Geschichte:

Es war ein Tag voller Überraschungen. Erst meldeten sich zwei Kollegen krank, gleich darauf auch noch die Sekretärin. Das Wetter zeigte sich ebenfalls nicht von der besten Seite, denn der Winterwind pfiff aus allen Löchern. Gerade als sich Kriminaloberrat Marmulla mit der Unfreundlichkeit des Tages abgefunden hatte, landete ein neuer Fall auf seinem Schreibtisch. Zwei Volkspolizisten hatten ein diebisches Zimmermädchen aus dem Interhotel *Stadt Berlin* in den Vernehmungsraum geführt. Da schon mehrere unaufgeklärte Diebstähle in diesem Hotel gemeldet worden waren, lag der Verdacht nahe, hier wäre ein Serientäter tätig und somit Marmullas Dezernat zuständig.

Der Fall ist kurz erzählt. Karin B., sechsundzwanzig Jahre alt, hatte Gäste beklaut. Bei ihr wurden Scheckkarten, Brieftaschen und Bargeld gefunden. Ein Gast hatte das zierliche Zimmermädchen angezeigt. Beim Bettenmachen sei man sich nähergekommen, gab er zu Protokoll: »Eigentlich lag es gar nicht in meiner Absicht. Aber sie hat mich angeschaut wie eine Frau, die es unbedingt jetzt gleich und auf der Stelle haben will und ich Idiot bin drauf reingefallen. Schließlich lagen wir halb ausgezogen im Bett und sie machte es mir mit dem Mund. Als ich fünf Minuten später noch einmal zurückkam, um vergessene Unterlagen zu holen, erwischte ich sie an meinem offenen Koffer. Sie versuchte sich herauszureden, von wegen der Koffer sei ihr runtergefallen und aufgegangen und sie wollte ihn nur wieder verschließen. Doch unter den frischen Handtüchern im Putzwagen lagen achthundert D-Mark. Genau die Summe, die jetzt in meinem Koffer fehlte.«

Der beklaute Gast, ein junger Wissenschaftler aus Bremen, verständigte die Polizei und so landete die hübsche Dame im Dezernat X. So weit, so gut. Der Fall endete allerdings anders als gedacht. Kriminaloberrat Marmulla hatte noch nicht mit der Vernehmung begonnen, als ihm telefonisch mitgeteilt wurde, dass die Aufklärung des Diebstahls nicht mehr bei ihm liege. Wie sich später durch Zufall herausstellte, war Karin B. ein Zimmermädchen ganz besonderer Art. Als IM spionierte sie für das MfS Westmänner aus. Offensichtlich so erfolgreich, dass die Stasi bei den Diebstählen beide Augen zudrückte.

Nicht alle Männer ließen sich im Hotel bespitzeln. Meist hatten sie bereits bei vorherigen Reisen Kontakt zu Frauen geknüpft und gedachten, sich nun privat mit ihnen zu treffen. Dass sie damit manchmal vom Regen in die Traufe kamen, merkten sie erst, wenn es zu spät war. Der IM teilte dem MfS den neuen Treffpunkt mit und die Techniker platzierten Mikrofone und Kameras in den betreffenden Räumen. War das nicht möglich, sollte der IM versuchen, die sexuelle Begegnung doch im Hotel zu arrangieren. Gelang das nicht, wurde die Überwachung notfalls abgebrochen.

In einem Artikel aus dem Jahr 1991 berichtete das Magazin *Der Spiegel* über noble Stasi-Wohnungen in Leipzig, die so manchen westdeutschen Geschäftsmann zum Verhängnis wurden. In den Luxusbuden herrschte reger Verkehr und nicht jede Geschäftspartnerin war einfach nur eine nette Kollegin. Im unverständlichen Stasi-Deutsch hießen die Aktionen: »Schaffung operativer Voraussetzungen zur Kompromittierung der Führungskader der Feindorganisationen«.

In einer »Diplomarbeit zur Aufklärung und Arbeit mit weiblichen IM« schreibt ein Offizier, Frauen seien »Meister der Anpassung«. Dementsprechend lesen sich auch seine Beschreibungen der für die Diplomarbeit ausgewerteten Frauen.

»... Chefsekretärin, ... sehr gute Erscheinung, ... exquisit gekleidet, feiert Partys, tolerant und berechnend, ... verschiedene Personen sind schon mit ihr im Bett gewesen ...

... Finnin, ... Frau vom Pastor, schlechte Eheverhältnisse, ... intim zu anderen, sie hat Verbindungen nach Westberlin.

... Stationshilfe, festes Verhältnis zu ... geschiedenem Mann, nimmt an Sexpartys teil, läßt sich von ... sechs Jungen am Abend f. ... raucht, trinkt, läßt sich ... unsittlich berühren.«

Besonders interessant waren Frauen mit Westkontakten. Die Stasi versuchte, sie für sich arbeiten zu lassen. Wenn nötig mit Erpressung. Von einer Zwanzigjährigen mit Westberliner Verlobten wusste man, dass sie auch intimen Verkehr außerhalb ihrer Beziehung hatte. Ein gutaussehender Stasi-Mitarbeiter wurde auf sie angesetzt. Der IM hat mit ihr geschlafen und die Erpressung war perfekt.

Interessant waren vor allem die Devisenhotels, in denen hochkarätige Westgäste abstiegen. »Alkohol, Nutten und ein gehobenes Ambiente«, schreibt Daniel Otto auf *stasi.correc-*

Ein Ort der Anbahnung: Nobler Speisesaal des Hotels *Metropol*
auf der Friedrichstraße in Berlin

tiv.org über das Interhotel *Metropol* in der Berliner Friedrichstraße: Die Prominenz stieg hier ab. »Doch mindestens zwei Bosse westdeutscher Parteifirmen starben hier.« Beide an Herzversagen. Den einen habe der »Exitus im Koitus« getroffen, der andere sei schwerer Alkoholiker gewesen. Hatte das MfS herausgefunden, dass der eine für den Verfassungsschutz, der andere für die BRD arbeitete? Oder war der Tod der westdeutschen Geschäftsmänner im Ostberliner *Metropol* Zufall? Wer die gründliche Arbeit der Stasi kannte, neigte eher zu dem Schluss: Mord und Einschüchterung ist die beste Waffe gegen den Klassenfeind. Wobei als Klassenfeinde auch die IM bezeichnet wurden, die ihre Aufträge nicht im Sinne der Abmachung ausführten oder die DDR illegal verlassen wollten.

Zur Abschreckung wurde den künftigen weiblichen IM ein Lehrvideo vorgeführt, in dem die Schrecken einer solchen Fehlhaltung in Ton und Bild zu sehen waren. Es ist die Geschichte des IM »Eva«, die jahrelang im *Palasthotel* und anderen Interhotels der Stasi zuverlässig Informationen über westdeutsche Geschäftsmänner geliefert hatte. Als ihre vierte Ehe geschieden wurde und zur selben Zeit zwei finanzstarke

Männer den Kontakt zu ihr abbrachen, wollte sie einen Westberliner heiraten, um auf diese Weise legal die DDR verlassen zu dürfen. Der Antrag wurde aus Sicherheitsgründen abgelehnt. Als »Eva« daraufhin Republikflucht begehen wollte, wurde sie festgenommen und brutal verhört. Das Lehrvideo zeigt sie zusammengekauert auf einem Sofa und wie sie schreiend und verzweifelt ihre Unschuld beteuert. Ein grausames, beängstigendes Video, das veranschaulichte, was jenen passiert, die nicht in der Spur bleiben.

»ICH MUSS WIRKLICH GUT GEWESEN SEIN«

DIE FLOTTE MONI AUS CRIMMITSCHAU

Karl-Marx-Stadt, heute Chemnitz, drittgrößte Stadt im Freistaat Sachsen. Im Jahr 1143 erstmals urkundlich erwähnt. Im Ende August 2018 durch gewaltsame Demonstrationen bundesweit in Verruf geraten. Die Chemnitzer sind dennoch stolz auf ihre Stadt. Auf Richard Hartmann, dessen Firma ab 1848 viertausendsechshundertneunundneunzig Lokomotiven gebaut hat und der heute noch »Lokomotivkönig« genannt wird. In Chemnitz wurde die Thermoskanne erfunden und Heinrich Gottlob Bertsch entwickelte 1932 das erste vollsynthetische Feinwaschmittel »Fewa«.

Weniger bekannt und einigen Herren trotzdem in bester Erinnerung ist Monika Lustig aus dem nahen Crimmitschau, fünfundvierzig Kilometer von Karl-Marx-Stadt entfernt. Wer jung und attraktiv ist, Männer liebt und Lustig heißt, möchte nicht auf dem Land versauern. So oder ähnlich dachte wohl die achtzehnjährige Moni und wollte die Welt erobern. Denn ihr Radius Anfang der siebziger Jahre war klein und überschaubar. Moni träumte von New York, London und Paris. Doch nicht einmal Westberlin war für sie erreichbar. Mauer und Stacheldraht waren ein unüberwindbares Hindernis für ihre Wünsche. Allerdings war aufgeben nicht ihr Ding. Also suchte sie nach einer Möglichkeit, dieser Enge zu entkommen.

Während die hübsche Monika an der Fräsmaschine stand und ihr Plansoll für den Arbeiter-und-Bauern-Staat erfüllte, waren ihre Gedanken von Werkbank und Fünfjahresplan weit entfernt. Ihre Lösung hieß: Abendschule. Kein Besuch eines Tanzlokals, keine privaten Feiern, nicht einmal Zeit für einen Freund hatte sie. Fortan büffelte Monika Lustig Mathematik, Buchführung und derlei Dinge mehr. Mit dem Abschlusszeugnis veränderte sie auch sofort ihr Leben. Eine Stelle als Bürokraft im VEB Werkzeugmaschinenkombinat »Fritz Heckert« und ein Zimmer im Wohnheim des Werkes waren ihr kleines Reich. Wenn sie durch die Stadt lief, kam sie oft am über dreizehn Meter hohen Karl-Marx-Monument vorbei. Seit seiner Aufstellung 1971 war der Nischel das Wahrzeichen der Stadt. Doch weder Marx noch Engels interessierten sie. Und dass sie im Fritz-Heckert-Werk lediglich eine unter viertausend Werktätigen war, machte sie ebenfalls nicht glücklich. Moni verlangte mehr vom Leben, wollte genießen und im Mittelpunkt stehen.

Schon bald stand sie wenigstens bei ihren männlichen Kollegen im Zentrum des Interesses. So fiel Moni durch diverse Männerbekanntschaften auf. Dem Magazin *Focus* erzählte sie 1997: »Sie standen alle auf mich. Zuerst die Jünglinge von der schwedischen Brigade, dann der vorgesetzte Werksingenieur und danach die ausländischen Geschäftsleute, die das Werk regelmäßig besuchten. Ich hatte eine tolle Figur und Ausstrahlung. Das zog die Herren an. Ich wollte es ihnen zeigen. Jede Woche einem anderen.«

Die Auswahl war riesig und Monikas Ohren offen für Komplimente. Sie öffnete ihr Herz und ihre Beine. Die »flotte Moni« wurde sie genannt. 1,75 Meter groß, blond, schlank, Mannequinfigur, wie man damals in der DDR sagte. Wenn sie lächelnd durch den Frühstücksraum schritt und auffordernde Blicke um sich warf, verstummten die Gespräche an den Tischen. Aus der strebsamen Moni von der Abendschule war eine Frau geworden, die ihre Träume von schicken Klamotten, Reisen und eigenem Auto verwirklichen wollte. Und Möglichkeiten boten sich genug. Auch außerhalb der Arbeitsstelle.

Anfangs war es vor allem Neugier, die sie dazu trieb, neue Männerbekanntschaften zu machen und eine unbekannte Welt zu erobern. Später wurde daraus Spaß und schließlich

Werbefotografie von Klaus Fischer

tat sie es für Luxus. Aber: »Sobald ich einen Mann näher kannte, langweilte er mich bereits wieder. Deshalb lag mir nie etwas an einer festen Verbindung.«

»Das frühreife Früchtchen kommt«, flüsterte man, wenn sie im *Stadtkeller*, im Hotel *Moskau* oder im Spezialitätenres- taurant *Bodega* auftauchte. Jeder Mann wusste, dass Monis Hände offen für Geschenke waren. Ein gemeinsames Wo- chenende an der Ostsee, ein paar Tage im Spreewald oder eine Woche am bulgarischen Sonnenstrand, da sagte sie nicht nein. Und wenn nach einer Nacht zum Abschied ein Geldschein auf dem Nachttisch lag, steckte sie ihn gern ein.

Doch wer viel Aufmerksamkeit genießt, macht sich auch Feinde. Da waren die Männer, die sie nicht beachtete und da waren die Kolleginnen, die in ihr eine verhasste Nebenbuhlerin sahen. Nach einem halben Jahr beim Fritz-Heckert-Werk wechselte sie ihren Arbeitsplatz. Zu einer kommunalen Baufirma. Fünfhundertfünfundvierzig Mark Gehalt als Bürokraft. Für Monis Geschmack eindeutig zu wenig. Doch ihre Nebeneinnahmen sorgten für ein entspanntes Leben. Es waren ausnahmslos Männer, die ihren Hunger nach Aufmerksamkeit und Luxus befriedigten. Sex als Bestätigung, ein Orgasmus als Belohnung. Doch ihr Lebensstil blieb den Oberen nicht verborgen. Wer in Tigerlook-Hosen und kurzen Röcken durch Karl-Marx-Stadt lief und noch dazu mit flotten Sprüchen gegen die Moralvorstellungen auffiel, blieb nicht lange unentdeckt. Nach ein paar Monaten klopfte die Polizei an der Tür des Wohnheims. Leutnant Tomaschek vom Kommissariat I, so berichtete der *Focus*, war empört über das, was er sah. »Sämtliche Wände des Zimmers waren mit farbigen Aktfotos westlicher Fabrikation beklebt. Von der Monika Lustig hingen selbst Aktfotos an der Wand. Dann verfügte sie über Westartikel aller Art, vom Bier bis zur Garderobe.«

Doch erst einmal geschah nichts. Auch die Mühlen der Volkspolizei mahlten langsam. Nachdem Moni allerdings das Wohnheim gewechselt hatte, klopfte Leutnant Tomaschek erneut an ihre Tür. Was er diesmal sah, gefiel ihm noch weniger als beim ersten Besuch: »Ein kapitalistischer Versandkatalog, mehrere westliche Modezeitschriften, Garderobe aus *Exquisit*-Läden und Intershops, darunter zwei nagelneue Paar Schuhe. Auf dem Nachttisch standen westdeutsche Kosmetika, Waschmittel sowie Antibabypillen.«

Für Tomaschek Anlass genug, um Vorgesetzte und Kollegen zu informieren. Von nun an war Monika Lustig ein Fall für die Stasi. Ende Februar 1974 stellte das MfS fest, dass sie intime Beziehungen zu westdeutschen und italienischen Monteuren sowie Ingenieuren unterhielt. Mit einem Mann aus der BRD soll sie sogar Fluchtpläne besprochen haben. Man observierte sie, las ihre Briefe, die Rundumüberwachung war perfekt. Zwielichtige Kontakte wurden überprüft, die Stasi ließ sie nicht aus den Augen. In der Bezirksverwaltung Karl-Marx-Stadt auf dem Kaßberg planten die Genossen die Aktion »Wiedergutmachung«. Zwei Offiziere sollten Monika befragen, zwei weitere ihre Reaktionen nach diesem Gespräch beobachten.

»Sie haben mich auf die Polizeiwache bestellt. Dann fuhren sie mit mir im Auto weg«, erinnert sich die Frau Jahrzehnte später beim Interview mit *Focus.* »Keiner stellte sich vor. Das Ziel war ein kleines Büro in einer großen Fabrik. Das Gespräch leitete ein großer, dicker Mann. Vor dem hatte ich Angst. Er fuhr mich an: ›Ab heute machen Sie, was wir sagen.‹ Ich bin bis dahin immer locker durchs Leben gegangen. Nun war mir zum ersten Mal komisch. Sie sagten, ich hätte bereits zu lange über die Stränge geschlagen. Wenn ich ihren Anweisungen nicht folgen würde, dann wäre mein Leben schnell vorbei.«

Monika musste eine eidesstattliche Erklärung unterschreiben, in der sie versicherte, die DDR nicht illegal verlassen zu wollen. In einem zweiten Dokument verpflichtete sie sich, »freiwillig das Ministerium für Staatssicherheit bei der Lösung und Erfüllung seiner Aufgaben zu unterstützen«. Ihr Deckname: »Petra Meyer«. Nun war sie eine von etwa zehntausend weiblichen Inoffiziellen Mitarbeitern.

Von Stunde an machte sie auf legale Weise mit dem weiter, was sie zuvor illegal betrieben hatte. Sex mit gut situierten Männern, von der Stasi geduldet und gefördert. Mit staatlichem Segen horchte sie westliche Geschäftsleute aus und verriet deren sexuelle Vorlieben. Die Bezirksverwaltung für Staatssicherheit Karl-Marx-Stadt war zufrieden. Wieder einmal war es gelungen, ins Intimleben des Klassenfeindes einzudringen.

IM »Petra Meyer« war in ihrem Element. Wenn schon spitzeln, dann richtig und überall. Auch die Halbwelt von Karl-

Marx-Stadt blieb von ihrem Eifer nicht verschont. Es war die Zeit, als der DEFA-Film *Für die Liebe noch zu mager?* in den Kinos lief, die Klaus Renft Combo auf der Bühne stehen durfte und Petras Freiheitsdrang immer größer wurde. Jeden Mittwoch traf sie sich mit ihrem Führungsoffizier in einer konspirativen Wohnung in der Leipziger Straße und erstattete Bericht über die vergangenen sieben Tage.

»Aßmus war ein älterer Mann, ganz hager, und er sah gefährlich aus. Er bot mir immer russischen Kognak mit vier Sternen an. Die wussten schon, was ich gern trinke. Bei jedem Treffen haben wir eine Flasche geleert. Damals habe ich am Tag auch bis zu achtzig Zigaretten geraucht.«

Aus Monika, dem Wirbelwind, wurde ein Orkan, der nur selten aufzuhalten war: »Den meisten Besuchern aus dem kapitalistischen Ausland war es neben ihren Geschäften wichtig, im Osten richtig Sex zu haben. Die halbe Nacht prahlten sie über ihre Erfolge. Sie schenkten mir Geld und auch Kleidung, von der jede Frau im Westen nur träumen konnte. Im Monat habe ich bis zu dreitausend Westmark für Mode ausgegeben. Ich fühlte mich so sicher wie noch nie in meinem Leben, wurde immer dreister und frecher.«

Nur die Arbeit im Büro durfte sie nicht aufgeben. Auf keinem Fall auffallen und weiterhin die Arbeitsnorm erfüllen. Dass das nicht in ihrem Sinne war, störte Hauptmann Aßmus wenig. Seine Augen und Ohren waren überall und Moni fügte sich.

Tagsüber schrieb sie Rechnungen, tippte Briefe, kochte Kaffee. Nachts zog sie aus und erfüllte Männerträume gegen Bares. Nach einigen erfolgreichen Monaten im Sinne ihres Führungsoffiziers durfte sie der Büroarbeit den Rücken kehren. Längst war das Wohnheim Vergangenheit und eine Wohnung in der Innenstadt ihr neues Zuhause. Auch ihr »Arbeitsbereich« hatte sich bis nach Dresden, Gera, Weimar, Leipzig, Berlin und Prag erweitert.

Die Erfolge von IM »Petra Meyer« sprachen sich im MfS schnell herum. Sie verstand es nicht nur, sich ihre eigenen Wünsche zu erfüllen, sondern auch die vieler Männer. Von zart bis hart, für jeden etwas. Längst waren es nicht nur gut zahlende Geschäftsleute aus dem NSW, die sie auf der Leipziger Messe oder in Berliner Hotelsuiten beglückte. Es gab zudem »Sonderaufträge«. Da war zum Beispiel ein westdeutscher Gewerkschaftsfunktionär, der mit dem SED-Politiker Horst Sindermann im KZ gesessen hatte. Auch zu Herren mit Diplomatenpass stand sie in enger Verbindung. Einer von ihnen ist sogar der Vater ihrer Tochter.

»Manchmal habe ich fünftausend Mark West pro Auftrag verdient und danach eins zu zwölf getauscht. Das Geld lag in geheimen Verstecken stapelweise herum. Wir haben kaum noch über Preise geredet. Ich muss wirklich gut gewesen sein. Die Männer sind jahrelang regelmäßig wiedergekommen.«

Von dem Geld leistete Monika sich auch einen Wartburg, dann einen Lada und am Ende sogar einen Mercedes-Benz. Das Mädchen aus dem verschlafenen Städtchen Crimmitschau war von Leipzig bis Berlin zum Geheimtipp avanciert, gern gesehener Gast auf Partys der DDR-Schickeria, aber auch bei romantischen Abendessen mit festlicher Kerzenbeleuchtung.

In der DDR gab es viele »flotte Monis«, junge Frauen, die für den Staat spionierten und mit dem Klassenfeind ins Bett gingen. Sexuelle Dienstleistungen gegen Bargeld, Geschenke und Informationen waren für viele ein lukrativer Job. Doch nur wenige waren so erfolgreich wie Moni aus Karl-Marx-Stadt.

Übermut tut selten gut, heißt ein deutsches Sprichwort. IM »Petra Meyer« fühlte sich aufgrund ihrer Erfolge unverwundbar. Wilde Nächte mit ausschweifenden Festen in Datschen und Kellerbars, ihre offene Ablehnung des DDR-Systems und die Gier nach Luxus wurden dem MfS immer mehr ein Dorn im Auge. Man redete ihr ins Gewissen und hoffte auf Verständnis. Doch Moni war beratungsresistent. Die Stasi warf ihr Dekonspiration vor. Ein schweres Vergehen. Sie hatte anderen IM von ihrer Arbeit erzählt und war von ihnen bei der MfS-Zentrale auf dem Kaßberg verpfiffen worden.

Ihre größte Verfehlung brachte sie schließlich zu Fall: »Als wir wieder einmal getrunken hatten, habe ich meinen Führungsoffizier verführt. Ich war eben gerade in ihn verliebt. Das war ganz streng verboten, und deshalb haben sie es mir auch sehr übel genommen. Sie beendeten den Kontakt. Für mich hatte es keine Folgen. Ich konnte weiter so ausschweifend leben, wie ich wollte.«

SEXPARTYS MIT EINER SIEBZEHN-JÄHRIGEN
VIER JAHRE HAFT WEGEN GEHEIMNISVERRATS

Es ist eine Binsenweisheit: Dinge ändern sich, und das nicht nur zum Guten. Wie im Fall zweier Freundinnen aus Berlin. Eines Abends kam die Staatssicherheit und holte beide aus ihren warmen Betten. Von da aus ging es direkt in die Gefängniszellen. Ein paar Wochen später und nach vielen Stunden der Vernehmung auf harten Stühlen wurden sie in aller Herrgottsfrühe mit dem Barkas zum Gericht nach Frankfurt an der Oder gefahren. Das Urteil: vier Jahre Gefängnis wegen Geheimnisverrats für jede.

Dabei hatte alles so hoffnungsvoll begonnen. Sie waren zwanzig Jahre jung und lebensfroh. Sie hatten noch das, was viele Menschen im Alter verlieren: ein heiteres und ungezügeltes Temperament. Sie waren zuversichtlich und neugierig. Eva und Gudrun kannten sich zwar noch nicht, aber beide tanzten gern die Nächte durch und flirteten in den angesagten Bars und Nachtlokalen der Hauptstadt. Mehrmals liefen sie sich im *Lindencorso* über den Weg. Eines Abends kamen sie an der Bar ins Gespräch und nach einem gemeinsamen Getränk verabredeten sie sich für den nächsten Samstag.

Von nun gingen sie als Duo aus, und der Barmann aus der *Lindencorso*-Diskothek verriet ihnen, dass sich hier mehr Prostituierte auf der Tanzfläche drehen als irgendwo sonst. Er zeigte er auf eine hübsche Kleine mit wippendem Pferdeschwanz und einen jungen Typen und meinte, er wette, dass sie in spätestens einer Viertelstunde mit ihm verschwunden wäre. Sie baggere Männer an, lasse sich einladen, tanze mit ihnen und schleppe sie ab. Wie er gehört habe, ein sehr einträgliches Geschäftsmodell. Eva hatte kurz auf ihre Uhr geschaut, klopfte auf den Tresen und rief »bingo«. Genau zwölf Minuten hatte der Tanz gedauert, dann entschwand das Mädchen mit dem Pferdeschwanz mit dem Jüngelchen im Schlepptau in Richtung Ausgang.

Eva meinte, sie habe es noch nie für Geld gemacht. Gudrun stimmte ihr nickend zu. Danach tuschelten sie miteinander, und als der Barmann seine Ohren spitzte, hörten sie auf zu reden. An diesem Abend gingen Eva und Gudrun früh nach Hause. Jede wollte sich überlegen, wie ihre Freizeit in Zukunft aussehen könne. Ein paar Tage später trafen sie sich wieder und fassten, wie sie meinten, den besten Entschluss ihres Lebens: Von nun ab wollten sie ein Stück von der Torte abhaben, und zwar ein großes.

Jetzt war Tanzen nicht nur ein Spaß, sondern der Auftakt zum Geldverdienen. Sozusagen eine Mischung aus Vergnügen und Arbeit. Sie grasten die Tanzbars ab, amüsierten sich, tranken Alkohol und flirteten, wo immer es ging. Eigentlich wie immer. Das Einzige, was sich geändert hatte: dass sie sich gegen Barzahlung vögeln ließen.

Das Konzept der jungen Frauen gestaltete sich erfolgreich. Denn Gudrun und Eva sahen nicht nur gut aus, sie hatten auch das gewisse Etwas, um Männer um den Finger zu wickeln. Die Schüchternen wurden ermutigt, die allzu Forschen gebremst. Doch auch sie kamen zum Zug, denn der Rubel sollte rollen. Bald ergaben sich regelmäßige sexuelle Kontakte. Sie tranken gemeinsam, sie lächelten, sie tanzten. Je enger, desto besser. So eng, dass sie die Erregung des Mannes spürten. Ein flüchtiger Kuss auf der Tanzfläche, heftiges Knutschen an der Bar. Finger suchten ihren Weg, bis die Luft brannte. Dann die entscheidende Frage: »Hast du ein bisschen Taschengeld für mich?«

Die Erfolgsquote lag bei fünfzig Prozent. In den ersten Wochen ließen sie sich noch auf eine schnelle Nummer im Auto oder im Hinterhof für fünfzig Mark ein. Nach zwei Monaten

Aktfotografie von Klaus Fischer

empfanden sie den Freiluftsex als billig und Oralverkehr im Auto (Schwänze) als unwürdig.

Ihr Liebeslohn verdoppelte sich. Für hundert Mark gingen sie mit in die Wohnung des Mannes oder nahmen sie in ihre eigenen Betten mit. Bald hatten sie genügend Stammkunden. Zahnärzte, Künstler, vermögende DDR-Bürger waren es, die ihnen ein flottes Leben ermöglichten. Auch Geschäftsmänner aus dem westlichen Ausland hatten von Evas und Gudruns Diensten erfahren und ließen sich gern mal zwischen zwei Terminen oder zum Abschluss eines guten Geschäfts verwöhnen. Rubel, Dollar, D-Mark und Schweizer Franken gegen »Französisch«, eine erotischen Massage oder einen wilden Ritt ins Nirwana. Für jeden Mann ein spritziges Erlebnis.

Im Stasi-Unterlagen-Archiv in der Berliner Karl-Liebknecht-Straße lagern Fotos und mehrere Hundert Seiten und dokumentieren lückenlos das Leben der beiden Freundinnen. Im nüchternen Stasi-Deutsch heißt es über eine der beiden:

»Sie lernte andere Frauen kennen, die Geschlechtsverkehr gegen Bezahlung ausübten. Mit diesen hielt sie sich in Nachtbars auf, knüpfte Bekanntschaften zu männlichen Personen und führte mit diesen ebenfalls Geschlechtsverkehr gegen Bezahlung durch. Soweit diese Handlungen vor dem 1.2.1968 begangen wurden, sind sie bereits verjährt. Ab Mitte 1968 verstärkte sie dieses Treiben. Sie hielt sich häufig in Gaststätten auf, schloß dort Männerbekanntschaften und führte mit diesen teils in Hotelzimmern, teils in ihrer Wohnung, teils in anderen Wohnungen den Geschlechtsverkehr durch. Bei einigen dieser Personen nahm sie auch das Geschlechtsteil des Bürgers in den Mund zur Durchführung des Mundverkehrs. In einigen Fällen führte sie auch lesbische Handlungen mit anderen Frauen in Gegenwart von Männern durch und ließ sich dafür bezahlen. Auf diese Weise hat sie von Sommer 1968 bis Februar 1972 mit mindestens 36 männlichen Personen Kontakt aufgenommen, mit ihnen meist mehrmals, in insgesamt etwa 220 Fällen, den Geschlechtsverkehr bzw. in ihrer Gegenwart lesbische Handlungen durchgeführt.

Von diesen Personen erhielt sie dafür: 6.690, - -M., 348 DM-West, 12 US-Dollar, 1.100 österreichische Schillinge, 20 schwedische Kronen und Waren im Werte von mindestens 3.000, - -M. Unter diesen Waren befinden sich ein Tonbandgerät, ein Plattenspieler, diverse Kleidungsgegenstände und mehrere Langspielplatten und Tonbandkassetten. Die Beschuldigte gibt zu, mit diesen Handlungen die öffentliche Ordnung und das gesellschaftliche Zusammenleben der Bürger durch asoziales Verhalten nach Paragraph 249 Abs. 1 gestört zu haben. Durch Ausübung des Geschlechtsverkehrs.«

Ähnlich wird auch das Leben der anderen beschrieben. Zwei lockere Vögel, die von Nest zu Nest flogen und gut damit verdienten. Anfang 1970 dehnten sie ihr Geschäft aus und veranstalteten Sexpartys für interessierte Bürger. Und davon gab es genug.

Nachdem die Stasi von dem munteren Treiben erfahren hatte, wurden Eva und Gudrun unter Strafandrohung zur Mitarbeit gezwungen. Von nun an bespitzelten sie nicht nur ihre Kunden, sondern auch ihr privates Umfeld, ihre Freunde und Bekannten. Als Gegenleistung durften sie weiterhin ihrer lukrativen Nebentätigkeit nachgehen. Die Stasi duldete sogar, dass bei den privaten Sexpartys eine siebzehnjährige Minderjährige mitmachte.

In der Dreiraumwohnung der beiden Frauen mit Blick auf den Volkspark Friedrichshain tobte jeden Samstag der Bär. Bis zu zehn Personen, in der Mehrzahl Männer, tanzten, küssten und ließen die Sau raus. Auf dem Sofa unter dem Spiegel mit dem goldenen Rahmen fummelte *sie* mit *ihm*, *er* mit *ihr* oder beide mit den anderen. Die Frauen zeigten nackte Haut unter hochgeschobenen T-Shirts, knöpften ihre Blusen auf und ließen Männerhände ihre Brüste berühren und die Nippel küssen. Hier war nichts verboten, vielmehr alles erlaubt, sofern der andere es ebenfalls wollte. Von der Missionarsstellung auf dem Sofa über eine Nummer im Stehen am hundert Jahre alten Kachelofen bis zum Ritt über den unechten Perserteppich. Einige Paare zogen sich zurück. Zu viert ins Schlafzimmer, zu zweit in die Küche. Sex auf dem Küchentisch war nicht nur aufregend, sondern ging auch schnell. Das nächste Pärchen konnte kommen. Auch im Flur war Platz für zwei und an warmen Sommerabenden wurde auch der Balkon zur Liebeswiese. Nicht ohne die Ansage der Hausherrinnen, lautes Stöhnen bitte zu unterlassen.

»Man darf sich die DDR nicht als einen Rechtsstaat vorstellen, die Behörden und die Justiz agierten immer nach Opportunität. Wenn es ihnen passte, haben sie die Sache laufen lassen, sagten okay, das hat seine Ordnung und wenn sie an die Stasi eingebunden waren, ging alles seinen sozialistischen Gang. Und wenn ihnen was nicht passte, haben sie Leute verfolgt und diszipliniert«, erzählt der Historiker Dr. Stefan Wolle in der ZDF-Dokumentation »Prostitution in der DDR«.

Das sollten auch Eva und Gudrun spüren. Nachdem sie das schlechte Gewissen geplagt hatte, offenbarten sie sich ihren Freunden und teilten es dem MfS mit. Daraufhin ließ sie die Stasi nicht nur fallen, sondern auch verhaften. »Dekonspiration« nannte es der Geheimdienst.

Am 6. März 1972 um einundzwanzig Uhr dreißig wurden sie wegen des dringenden Tatverdachts der Prostitution, des

Geheimnisverrats, asozialen Verhaltens und sexuellen Missbrauchs von Jugendlichen auf der Grundlage eines richterlichen Haftbefehls vorläufig festgenommen. Das Gericht Frankfurt an der Oder verurteilte sie zu je vier Jahren strenger Haft.

Zehn Monate später, am 22. Januar 1973, wurden Eva und Gudrun aufgrund einer Amnestie zum Republikgeburtstag vorzeitig aus der Haft entlassen, doch weiterhin beobachtet. Ein versiegelter Umschlag mit der Anschuldigung einer der Frauen – welcher, ist nicht bekannt – gegen einen MfS-Beamten verschwindet und taucht erst nach der Wende wieder auf. Darin schildert und versichert sie handschriftlich:

»Mein erster Verbindungsmann zum MfS war ein Mitarbeiter namens ... Dieser bat mich, mich vor ihm zu entkleiden, um zu beweisen, daß ich keine Hemmungen habe, und äußerte sich auch, daß das auch wichtig sei für unsere weitere Zusammenarbeit ... ungefähr im August 1966 traf ich mich mit ... im ehemaligen *Haus Bukarest*, um einige Dinge zu besprechen. Wir tranken Alkohol und ... begleitete mich bis nach Hause. Unterwegs umarmte er mich und faßte meine Brust an. In die Wohnung ist er nicht mitgekommen.«

Was aus Eva und Gudrun nach der Wende wurde, ist nicht bekannt.

WENN DER FREIER MIT DEM DAMPFER KOMMT
PROSTITUTION IN ROSTOCK

Waltraut hatte es verdammt eilig. Sie hatte verschlafen, und wenn sie sich nicht sputete, würde sie das Anlegen des norwegischen Frachters verpassen. Das wäre fatal. Schließlich würde Ole sie am Kai erwarten. Und, das war ihr eigentliches Problem, käme sie nicht, schnappte sich ein anderes Mädchen ihren Ole. Die anderen Mädchen, das waren geschätzte hundertzwanzig bis hundertfünfzig Prostituierte in Rostock, am größten Hafen der DDR. Offiziell gab es diese Frauen natürlich nicht. Die sozialistische Republik war frei von käuflichem Sex und seinen kapitalistischen Auswüchsen.

Doch was taten die Heidis und Ulrikes, die im kurzen Sommerkleid und hohen Schuhen geduldig am Kai auf die ausländischen Überseefrachter warteten? Vordergründig schienen sie nach ihren Verlobten oder Ehemännern Ausschau zu halten, die nach langer Schiffsreise zurückkehrten. Doch keine von ihnen war verheiratet. Jedenfalls nicht mit einem der ankommenden Seeleute. Vielmehr boten sie das, was Matrosen in jedem Hafen erwarteten: Sex! Einige der Frauen saßen in der Sonne, tranken Kaffee aus der Thermoskanne, andere tippelten ungeduldig am Wasser entlang und suchten den Mann, den sie Stunden später »Liebster« nennen würden.

Rostock ist eine schöne Stadt. Alte Giebelhäuser, enge Gassen, das Kloster zum Heiligen Kreuz. Doch weder Ole noch Sergej und auch nicht Pierre interessierten sich für die Mari-

Chilenische Marineoffiziere und Matrosen mit weiblicher Begleitung am Rostocker Hafen in den siebziger Jahren

enkirche von innen, auch nicht für den »Brunnen der Lebensfreude« mit seinen nackten Bronzeskulpturen, bekannt unter dem Namen »Pornobrunnen«. Ihre Rostocker Sehenswürdigkeiten waren die Frauen im *Internationalen Klub der Seeleute* in der Altstadt. Auch Gerti aus dem *Trocadero* am Doberaner Platz und Irene aus der *Storchenbar* waren beliebt.

Rostock, 54° 05' 20" Nördliche Breite und 12° 08' 24" Östliche Länge, hieß Vergnügen, Alkohol und Sex. Als Walter Ulbricht am 30. April 1960 den ersten Abschnitt des Überseehafens einweihte, ahnte er nicht, dass seine Worte vom »überseeischen Welt*verkehr* mit der DDR« zweierlei Bedeutung erlangen würden. Mit den Matrosen kamen auch die Frauen, die sich von den sexuell ausgehungerten Seeleuten Spaß und Geld versprachen. »Seeleute-Betreuer« nannten sie die Rostocker Bürger. »HwG-Personen« hießen sie bei der Volkspolizei und Stasi.

Für das MfS die perfekte Gelegenheit, durch Prostitution an Informationen zu kommen. Eine frühere IM: »Beim Verhör in der Rostocker Stasi-Zentrale sagte man mir, wer gut poppen kann, der kann auch gut Kerle aushorchen. Und wenn du nichts erfährst, musst du dir beim Ficken eben mehr Mühe geben.«

Der vom FDGB betriebene Seemannsklub unterhalb der Nikolaikirche war einer der ersten Anlaufpunkte für Matrosen, Maschinisten und Kapitäne. Zutritt hatten nur Gäste mit einem gültigen Seefahrtsbuch, wobei die Stasi bei der Ausgabe der Hausausweise ein Wörtchen mitzureden hatte. Zehn Gästezimmer, das hieß gutes Geld für die Frauen. Aber nicht jede Bettgeschichte war für das MfS auch wichtig. Die Führungsoffiziere ließen ihren weiblichen IM freien Lauf, solange sie Informationen über Männer aus dem NSA lieferten. Auch von den sechstausendfünfhundert Hafenangestellten waren Ende des Jahres 1985 geschätzte zehn Prozent IM.

Eine der weiblichen IM war Irene, Kellnerin, dreiunddreißig Jahre alt und vollbusig. Vom letzten Besuch eines ägyptischen Frachterkapitäns war ihr ihr zweijähriger Sohn als lebendige Erinnerung geblieben. Dreimal wöchentlich hatte ihre Mutter Omadienst und Irene Zeit für Liebeleien im Auftrag des MfS. Aufgrund ihrer offenen Art und ihrer guten Englischkenntnisse verbuchte sie große Erfolge bei hohen Offizieren. Ein norwegischer Kapitän empfing sie stets kurz nach Anlegen des Schiffes in seiner Kajüte. Der Schiffskoch hatte Essen auf die Teller gezaubert, von denen Irene nur träumen konnte. Kaviar in Ofenkartoffeln als Vorspeise, Rindersteak medium mit Kräuterbutter und zum Abschluss eine Flasche Moët & Chandon. Irene blieb meist bis zum Löschen der Ladung und bemühte sich um das Wohl des Kapitäns, und gleichzeitig um ihres und das des MfS ...

Doch nicht nur im Auftrag der Stasi wurde gemunkelt und gedunkelt. Viele Frauen waren aus eigener Initiative im Einsatz. Wenn nachts im VEB Seehafen die Scheinwerfer angingen, erloschen in einigen Schlafzimmern die Lichter. Die *Storchenbar* in der Langen Straße war ein beliebter Treffpunkt von Frauen, die mehr vom Leben wollten, als Konsum und HO boten. Sie kamen zu Fuß, mit dem Rad oder der Straßenbahn. Bei den »Storchens« herrschte geregelte Hierarchie. Gleich unten, in der Nähe des Eingangs, saßen die weiblichen Stammgäste in gepolsterten Cocktailsesseln an mit kleinen Blumenvasen dekorierten Nierentischchen und präsentierten sich als schicke Damen. Die meisten keine zwanzig Jahre alt, dezent geschminkt und zurückhaltend. Es war verpönt, ungeniert mit Männern zu flirten. Ein vor dem Spiegel mehrmals geübter Augenaufschlag, der Schlafzimmerblick und ein Lächeln genügten meist, um ins Geschäft zu kommen. Der Preis: je nach Dauer des Zusammenseins von vierzig D-Mark oder Dollar aufwärts. Für die Eiligen machten es einige Frauen auch für zwanzig Mark auf der Toilette oder verschwanden im Hinterhof.

Im ersten Stock saßen die »Hobbynutten«, wie sie abschätzig von den Frauen an den Stammtischen bezeichnet wurden. Da waren Streitigkeiten vorprogrammiert. Es wurde geschimpft, beleidigt und es gab handgreifliche Auseinandersetzungen. Klara spuckte Edith an, die spuckte zurück und zur Belustigung der anwesenden Männer zogen sie sich an den Haaren und zerkratzten ihre Gesichter. Stühle flogen und bevor die Polizeisirenen heulten, noch ein schneller Tritt in den Arsch der Konkurrentin. Dann trat Ruhe ein. Die kostenlose Show für alle war vorbei. Stürmte die Vopo in die Bar, zeigten sich alle als beste Freunde.

Wenige Kilometer entfernt gab es Prostitution der gehobenen Klasse. Im *Neptun-Hotel* in Warnemünde saßen Edelhuren, die bis zu fünfhundert D-Mark pro Nacht kassierten, neben der Familie, die vierzehn Tage Urlaub für dreihundertzehn Ostmark pro Person machte.

Nicht jede Nobelhure diente der Stasi als Horizontalagentin. Doch die »Freiberufler« unter den Liebesdienerinnen mussten vorsichtig sein. Ein falsches Wort zum falschen Mann und schon war das Luxusleben vorbei. Statt Kaviar zum Frühstück gab es dann Graubrot und dünne Suppe.

Treffpunkt zur Anbahnung sexueller Abenteuer war die *Sky-Bar* des *Neptun-Hotels*. In vierundsechzig Meter Höhe, mit Ausblick über die Ostsee, wurde hier privat und geschäftsmäßig angebandelt. Wenngleich so mancher Flirt sich

Die *Sky-Bar* im *Neptun-Hotel* – auch ein Ort der Prostitution

im Nachhinein als schwerer Fehler herausstellte. Spaß gemacht hat es trotzdem. Über vieles wird geredet, doch kaum jemand weiß Genaues über die Damen und das MfS. Und die, die etwas wissen, schweigen auch heute noch.

Im Juni 1971 waren die ersten Gäste in den wuchtigen Betonklotz mit seinen neunzehn Etagen und den dreihundertvierzig Zimmern eingezogen. Fidel Castro war einer der ersten Gäste, trank mit Hoteldirektor Klaus Wenzel Whisky und schwitzte anschließend mit ihm in der Sauna. Im Laufe der Jahre wird das Luxushotel zum Treffpunkt internationaler Politiker, Sänger und Schauspieler, gilt bald als »Stasi-Hotel«.

In der NDR-Dokumentation »Hotel der Spione. Das *Neptun* am Ostseestrand« (2006) wird hinter die Fassade des Renommierhotels geblickt. Unumstritten ist, dass die Zusammenarbeit mit dem Geheimdienst eng und gut organisiert war. Ausländische Gäste wurden in ihren Zimmern rund um die Uhr beobachtet und vom gegenüberliegenden Kurhaus aus wurden fünfzehn Telefonleitungen überwacht und Videosignale empfangen. Uwe Barschel, von 1982 bis 1987 Ministerpräsident von Schleswig-Holstein, konnte bei seinen *Neptun*-Besuchen keinen Schritt machen, ohne dass die Stasi darüber Bescheid wusste. Junge MfS-Offiziere fotografierten jeden, der ins *Neptun* wollte oder das Hotel verließ. Die »Geheimen« sonnten sich am Strand wie gewöhnliche Urlauber, waren aber für geübte Augen an ihren am Strandkorb hängenden Kunststoff-Sportjacken und der Antennenspitze, die aus dem Dederon-Beutel ragte, leicht zu erkennen. Das Zimmer 1719 im siebzehnten Stock war auf Dauer für das MfS und seine IM reserviert. Nach der Wende wurden weit über hundert Akten von Hotelmitarbeitern in der Rostocker Stasi-Behörde gefunden.

Im MfS-Schulungsfilm *Eva* wird gezeigt, wie Kontakte und Intimbeziehungen zu männlichen Gästen aus dem NSA herzustellen sind. Eva wird als junge Frau mit Charme und mit Treue zur DDR beschrieben und dass ihr attraktives Äußeres ihre Wirkung auf Männer nicht verfehlte. Ihr Verhalten und Entgegenkommen wurden von einem ihrer Intimpartner großzügig honoriert. Ein westdeutscher Geschäftsmann überließ ihr einen Lada 1300 zur ständigen Nutzung.

Lotte aus Leipzig hatte diesen Film nie gesehen. Denn sie war weder der DDR treu ergeben noch wollte sie Geheimnisse an das MfS verraten. Lotte war nur an Geld interessiert. Dachte sie anfangs noch, dass nur westliche Ausländer diesen Wunsch erfüllen können, stellte sie bald fest: Es gab auch jede Menge DDR-Bürger, die sich ein vertrautes Zusammensein mit ihr leisten konnten. Ein Arzt aus der Charité bezahlte ihre Dienste stets in Dollar. Lotte verdiente gut, war gern gesehener Gast bei den Angestellten des *Neptun-Hotels*, da sie reichlich Trinkgeld gab. Nach vier Monaten hatten sich ihre Qualitäten herumgesprochen und auch die, die sie nur mal zum Schnuppern in ihr Bett geholte hatten, blieben ihr noch lange treu. Die Einunddreißigjährige zierliche Sächsin hatte etwas, was den meisten Männern gefiel: Spaß am Vögeln. Und das nicht nur im Bett, sondern auch bei Mondschein am Strand, im Auto oder auf einem schaukelnden Boot.

Doch alles hat ein Ende. Eines Tages war Lotte verschwunden. Einfach weg, ohne etwas zu hinterlassen.

PER ANHALTER IN DIE PROSTITUTION
PRIVATER AUTOSTRICH AM BAHNHOF OSTKREUZ

»Scheiß Wetter«, fluchte Irina vor sich hin.

Es regnete in Strömen, als würden die Engel im Himmel ein Wettpinkeln veranstalten. Das Thermometer auf dem Balkon der Treptower Wohnung, in der sie mit ihren Eltern wohnte, zeigte achtzehn Grad.

»Na, wenigstes ist es nicht so kalt wie gestern«, brummelte sie vor sich hin. Der Blick in den Badezimmerspiegel gefiel ihr. Blonde Locken, grüne Augen und Lippen, die zum Küssen aufforderten.

»Hopp, hopp, meine Süße. Mach dich auf die Socken, sonst kommst du zu spät.« Die Stimme ihrer Mutter brachte die Zwanzigjährige auf Trab.

Es war kurz vor halb zehn. In einer halben Stunde begann ihre Schicht im VEB Narva Glühlampenwerk nahe der Oberbaumbrücke. Der Hersteller von Leuchtmitteln exportierte auch ins westliche Ausland. Irina arbeitete in der Überprüfungsabteilung. Ein Job, den sie sich nicht selbst ausgesucht hatte. Doch als Tochter regimetreuer Eltern hatte sie sich gefügt. Bald hatte sie ihren Facharbeiterbrief in der Tasche und würde Elektrotechnik studieren. Dann wollte sie sich eine Wohnung suchen und so viel Westfernsehen gucken, wie sie wollte. Natürlich tat sie das auch jetzt hin und wieder. Aber nur, wenn sie allein zu Hause war. Sie mochte ihre Eltern, aber ihre politischen Ansichten teilte sie nicht. Fragte man sie, ob ihr die Arbeit Spaß machte, zuckte sie mit den Achseln. »Mal so und mal so«, war ihre Antwort.

Inzwischen war Irina in ihre Schuhe geschlüpft und hatte ein paar Kleinigkeiten in ihren Rucksack verstaut.

»Tschüss, Mami, bin schon weg. Komme heute Abend später, mache noch Überstunden. Schließlich wollen wir doch unseren Plan erfüllen und als produktivste Abteilung ausgezeichnet werden.«

Erika, Irinas Mutter, war stolz auf ihre Tochter, wollte noch etwas sagen, hörte aber nur noch die Tür knallen. Als Irinas Eltern später am Abendbrottisch saßen, stellten beide fest, was sie doch für eine fleißige Tochter hätten. Dass Irina nicht ganz so fleißig war, wie sie tat, ahnten sie nicht.

Es war achtzehn Uhr dreißig, als Irina über die Warschauer Brücke lief. Es regnete immer noch. Ein Betrunkener torkelte vor ihr her, lief quer durch eine Pfütze. Er blieb stehen und betrachtete sein schwankendes Spiegelbild im Wasser. Zwei Volkspolizisten kamen ihr entgegen, der Größere der beiden lächelte sie an. Meist lächelte sie in einer solchen Situation zurück, doch jetzt hatte sie es verdammt eilig, um die nächste S-Bahn nicht zu verpassen. Irina sprang, zwei Stufen auf einmal nehmend, die Treppe zum Bahnhof hinunter. Der Zug war gerade eingelaufen, sie stieg ein und am Bahnhof Ostkreuz wieder aus. Fünf Minuten hatte die Fahrt gedauert. Vom Arbeitsplatz bei Narva zum zweiten Job in der Kynaststraße.

Jetzt stand sie am Straßenrand, winkte und tat so, als suche sie eine Mitfahrgelegenheit. Vorher hatte sie sich hinter einem Busch umgezogen und die grauen Klamotten gegen ein kurzes Kleid aus dem Rucksack getauscht. Einige Wagen rauschten achtlos an vorbei, dann bremste ein grasgrüner Wartburg 353. Die Zwanzigjährige machte ein paar Schritte auf den Wagen zu und öffnete die Beifahrertür, die wie immer klemmte.

Irina kannte den Fahrer, hatte ihn schon mehrmals hier getroffen und wusste, was er von ihr erwartete. Sie stieg ein. Auf einem Platz in der Nähe des Bahnhofs parkte der Mann hinter einem Gebüsch, stellte den Motor ab und zog die Handbremse fest. Er öffnete seinen Gürtel und beobachtete Irina, wie sie sich entkleidete. Er liebte es, ihr dabei zuzuschauen. Langsam, sehr langsam zog sie die nasse Jacke aus, danach öffnete sie die Knöpfe ihres Kleides. Knopf für Knopf.

Bis sie nur noch im Höschen neben ihm saß. Dabei schaute sie den Mann am Lenkrad an. Sie wusste, die Männer mochten ihre Augen und den Schlafzimmerblick, den sie auf Bestellung anknipsen konnte.

»Du machst mich verrückt. Ich bin verdammt geil auf dich«, flüsterte der Typ. Er war Anfang zwanzig und die Spuren seiner Pubertätspickel waren immer noch gut sichtbar.

Irina griff nach seinen Händen und legte sie auf ihre Brüste. Die Brustwarzen waren hart, es fühlte sich gut an. Sie mochte dieses Gefühl, das Kribbeln im Bauch und die Gänsehaut. Vor ein paar Monaten hatte sie eine ähnliche Szene im Film im ZDF gesehen und beschlossen, es nachzumachen. Während er ihren Busen massierte und seine Fingerspitzen über die dunklen Brustwarzen streichelten, öffnete sie den obersten Knopf seiner Hose. Mit einem fast lautlosen Ratsch zog sie den Reißverschluss auf, schob eine Hand in die geöffnete Hose, fühlte sein warmes Glied und holte es raus.

»Du hast einen Prachtschwanz«, sagte sie.

Dann spreizte sie die Schenkel und schob den Slip über ihre schlanken Beine. Er streifte sich ein Kondom über, rutschte auf die Vorderkante des Sitzes und Irina schwang sich auf ihn. Sie spürte, wie er in sie eindrang, und blieb einen Augenblick regungslos auf ihm sitzen. Danach begann sie sich zu bewegen. Mal heftig, mal langsam. Der Rhythmus gefiel ihm, er stöhnte, keuchte und schließlich kam er. Was im Auto geschah, konnte jeder Vorbeifahrende an den Schaukelbewegungen des Wartburg Kombis ahnen.

Als Irina nach einer Viertelstunde wieder ausstieg, hatte sie vierzig Mark mehr in der Tasche. Seit einem Dreivierteljahr stand sie jeden Dienstag und Freitag am selben Ort, den sie ihren privaten Autostrich nannte. Dass diese Art von Freizeitvergnügen nicht gesetzmäßig und nach Paragraf 249 des StGB der DDR eine Straftat war, wusste sie. Doch wo kein Kläger, da kein Richter. Im Gegensatz zu vielen anderen Gelegenheitsprostituierten, die Besuch von Polizei und Stasi bekamen, blieb sie unbehelligt. Schließlich stand sie da, wo kein Strich vermutet wurde.

Prostitution in der Kynaststraße nahe dem Berliner Bahnhof Ostkreuz

Die Idee dazu war ihr durch einen Zufall gekommen. Es war im Sommer des letzten Jahres gewesen, als sie von Grünau nach Hause trampte. Eine schwarze Limousine mit Dresdner Kennzeichen hielt an. Der Fahrer, nicht mehr ganz jung, aber auch noch nicht im Rentenalter, machte einen vertrauensvollen Eindruck. Als sie sich in den Wagen setzte, rutschte ihr Rock bis weit über die Knie nach oben. Der Blick des Fahrers, der sich über ihre Oberschenkel tastete, machte ihr einen Moment lang Angst und sie zog den Rock so weit wie möglich wieder runter. Der Mann grinste und meinte, sie hätte es doch nicht nötig, ihre Beine zu verstecken. Das Kompliment gefiel ihr, und als er sie fragte, ob sie ein bisschen Geld gebrauchen könne, nickte sie. Dass er dafür Sex wollte, war ihr klar. Doch als er dreißig Mark für ein bisschen Nettsein bot, sagte sie nein.

Bis heute weiß Irina nicht, was sie in dem Augenblick geritten hatte, als sie spontan sagte, für vierzig würde sie es tun. War es das Geld oder die Neugier? Oder wollte sie ihren Eltern unbewusst eins auswischen? Dass diese im Dreieck springen würden, wenn sie von ihrem Doppelleben erführen, war sicher. Wahrscheinlich würden sie ihre Tochter auf der Stelle aus der Wohnung schmeißen. Doch damit war nicht zu rechnen. Auf jeden Fall hatte sie es bisher nicht bereut. Die vier Zehner waren schnell verdientes Geld. In einem Waldweg zog sie Rock und T-Shirt aus und öffnete den BH. Dann ließ sie ihn an ihre Brüste fassen und sah zu, wie er sich dabei selbst befriedigte. Anscheinend hatte es ihm gut gefallen, denn er fragte Irina, ob sie sich so ein erotisches Treffen öfter vorstellen könne. Da sie schon mehrmals Sex mit ihrem damaligen Freund im Auto gehabt hatte, schlug sie den nächsten Dienstagabend vor. Treffpunkt: ein Gelände in der Kynaststraße schräg gegenüber vom Bahnhof Ostkreuz.

Von nun an trafen sich die beiden regelmäßig jeden Dienstag und Irina war jedes Mal um vierzig Mark reicher. Schließlich fragte er, ob sie nicht auch Lust hätte, seinem Freund ein bisschen zur Hand zu gehen. Sie sagte ja, und so kam es, dass sie am Dienstag drauf zweimal vierzig Mark nacheinander einstrich.

Irinas Talent machte schnell die Runde. Ihr neuer Freier kannte einen anderen, der wiederum hatte einen Freund ... Und so kam es, dass sie bald so viele Freier hatte, die sie »Verehrer« nannte, dass sie von nun an jeden Dienstag und Freitag für ihren zweiten Job einplante.

Niemand ahnte etwas von ihrem geheimen Freilandpuff. Nur zweimal gab es Ärger mit allzu neugierigen Männern. Einer schaute von weitem beim Sex zu und wirkte harmlos. Der andere leuchtete mit einer Taschenlampe ins Auto hinein und unterbrach damit abrupt das Liebesspiel auf der hinteren Sitzbank. Geistesgegenwärtig drückte Irina auf die Hupe und der Typ ließ vor Schreck die Taschenlampe fallen und rannte weg.

Einer von Irinas Verehrern stellte ihr seinen Cousin aus Westberlin vor. Ein Glücksfall, denn er zahlte in D-Mark. Als Einkäufer eines Möbelkonzerns, der Schlafzimmer und Regalwände billig in der DDR produzieren ließ, besaß er ein Dauervisum und besuchte sie regelmäßig. Mit ihm verbrachte sie mehr Zeit als mit den anderen Männern. Peter war Mitte vierzig und liebevoll. Kein Wunder, dass sie sich in ihn verliebte. Doch er war verheiratet, hatte zwei Kinder und die Mauer stand auch noch zwischen ihnen. Mit ihm traf sie sich meist in der Wohnung ihrer Freundin Hanna, die während dieser Zeit spazieren ging.

Auch Hanna, durch Irinas Erzählungen neugierig geworden, dachte immer öfter darüber nach, sich ebenfalls für Sex bezahlen zu lassen. Die Vorstellung, sie könne einen fremden Mann mit ihrem Körper geil machen, erregte sie. Irina hatte ihr erzählt, dass sie hin und wieder sogar selbst einen Orgasmus hatte. Und Hanna fragte sich, wie sie selbst wohl reagieren würde.

Ein heftiger Streit mit ihrem Freund veranlasste sie schließlich dazu, es Irina gleichzutun. Erst war es die Wut auf ihren Freund, der immer seltener Zeit für sie hatte, dann kam Abenteuertust dazu. Irina hatte inzwischen so viele Männerkontakte, dass auch Hanna davon profitierte. Im Gegensatz zu ihrer Freundin hatte sie lange dunkelbraune Haare und einen von ihrem kubanischen Vater geerbten dunklen Teint.

An einem Freitagabend stand sie neben Irina auf dem Parkplatz. Kurzer Rock, enges T-Shirt und kein BH, so dass

Sexarbeit in der Berliner Kynaststraße

sich ihre Brustwarzen durch den dünnen Stoff drückten und wie eine Aufforderung zum Anhalten aussahen. Ihr erster Freier war ein junger Bursche mit dem Trabi seines Vaters. Er wollte Oralverkehr und hatte sogar ein Kondom mitgebracht. Hanna machte sich obenherum frei. Der Anblick ihrer nackten Brüste erregte ihn dermaßen, dass er schon nach zwei Minuten fertig war und die Hose zuknöpfte.

Hanna kam bei den Männern gut an und stand von jetzt an einmal in der Woche neben Irina auf dem Parkplatz. Als Konkurrentinnen empfanden sich die beiden nie. Im Gegenteil, eines Tages hielt ein bulgarischer Fernfahrer neben ihnen. Er sprach kein Wort Deutsch, doch seine Handzeichen waren deutlich genug, um Irina und Hanna ahnen zu lassen, dass er sie beide als Duo wollte. Sex zu dritt, warum nicht? Die Schlafkoje seines Lkws war zwar nicht allzu groß, doch für einen Dreier reichte es. Der Bulgare war recht ausdauernd und sie hatten viel Spaß mit ihm.

Es sollte nicht ihr erster und einziger Einsatz als Duo bleiben. Sie beschlossen, ein paar Stammverehrern eine Nummer zu dritt anzubieten. Und zwar in Hannas Wohnung. Sie besaß ein großes Bett, und nachdem sie rotes Papier um die Nachttischlampen gewickelt hatten, war das Ambiente perfekt. Zweihundert Mark für eine Stunde mit Hanna und Irina. Ein Angebot, das neugierig machte. Gleich der erste Typ biss an. Da Hanna nur wenige Minuten vom Parkplatz am Ostkreuz entfernt wohnte, lagen die drei schon eine Viertelstunde später in ihrem Bett. Als besonderen Reiz hatten sie sich gegenseitig ausgezogen und zeigten ihrem Gast alles, was sie zu bieten hatten. Hanna streichelte Irinas Brüste, die küsste Hannas Bauch, rutschte mit den Lippen tiefer, bis ihr Mund die Schamlippen berührte. Das lesbische Spiel machte nicht nur dem Zuschauer Spaß. Sie zogen den Mann zu sich hinüber und er drang nacheinander in sie ein. Erst in Hanna, dann in Irina. Hannas braune Haut machte ihn besonders an und Irina blieb am Ende als eine Zuschauerin, die sich selbst befriedigte, zurück. Als er in jeder Hinsicht befriedigt Hannas Wohnung verließ, fanden die Freundinnen seinen Polizeiausweis, der ihm aus der Hose gefallen war. *Ach du Scheiße,* dachten sie. *Wenn das keinen Ärger gibt.* Doch nach einer Stunde klingelte der Vopo an Hannas Wohnungstür und bat recht kleinlaut um sein Dokument. Hanna versprach zu schweigen und Lutz, Leutnant der VP, ließ noch einmal hundert Mark auf ihrem Nachttisch liegen.

Das bunte Treiben ging noch vier Monate so weiter, bis Hanna sich wieder mit ihrem Freund versöhnte und aufhörte.

Irina lebte sich noch eineinhalb Jahre zwischen VEB Narva und Parkplatz am Bahnhof Ostkreuz aus. Vier Wochen vor dem Mauerfall machte sie Schluss mit dem Doppelleben. Inzwischen war sie bei ihren Eltern ausgezogen und hatte eine eigene Wohnung in Lichtenberg. Klein, aber fein, wie Hanna fand. Sie studierte wie geplant und arbeitet heute in der Forschungsabteilung eines Elektrokonzerns. In München. Ihr Ehemann und die beiden erwachsenen Kinder wissen nichts vom Vorleben der Frau und Mutter.

Einen ähnlichen Fall schildert Steffi Brüning in ihrem Buch *Prostitution in der DDR*. Auch Ruth K. lernte ihren ersten Kunden beim Trampen kennen. Für ihre Ausbildung war sie von Leipzig in die Nähe von Berlin gezogen. Ihr erster Freier war ein Franzose, der ihr hundertfünfzig Mark für Sex im Auto zahlte. Meist prostituierte sie sich, wenn sie am Wochenende zu ihren Eltern fuhr und per Anhalter bei Ausländern ins Auto stieg. Um der Staatssicherheit zu entgehen, heiratete sie und ging nur noch selten der Prostitution nach.

STAMMGAST IN DER »SINUS-BAR«
ALS HURE IN DEN BERLINER INTERHOTELS

Wir treffen uns Ende Oktober 2021. Es ist einer jener schönen Tage, die man als »Goldenen Oktober« bezeichnet. Hellblauer Himmel, ein paar Schäfchenwolken, ein Düsenjet zieht weiße Streifen. Die Wetter-App auf meinem Handy zeigt achtzehn Grad.

Wir sitzen auf der Terrasse eines Cafés in Berlin-Kreuzberg. Birgit, neunundfünfzig Jahre alt, schlank, schwarze Lederjacke, enge Jeans, rot lackierte Fingernägel. Sie lächelt, doch ihre Augen bleiben traurig. Ich frage mich, welche Leichen sie immer noch im Keller verborgen hält. Während sie mit einer Hand auf den Flieger zeigt, meint sie, er flöge wahrscheinlich nach Spanien. Sie selbst würde auch gern drinsitzen, doch sie sei weder geimpft noch genesen und so bliebe das vorerst nur ein Traum. Eine Impfgegnerin sei sie nicht, aber alles, was man ihr vorschriebe, erzeuge Aggressionen und Gegendruck. Sie sei eben ein »Nun-gerade-nicht-Mensch«. Das wäre auch schon zu DDR-Zeiten so gewesen und hätte sie aufmüpfig sein lassen. Nicht direkt und auch nicht so richtig auffällig. Dazu hätte ihr der Mut gefehlt. Aber heimlich und hinter verschlossenen Türen, da habe sie sich schon gewehrt. Dazu gehörten auch häufig wechselnde Männerbekanntschaften.

»Es ist schon lange her, dass ich, na ja, wie soll ich sagen, angeschafft habe. Ich wollte frei über mein Privatleben entscheiden und mich nicht der verlogenen sozialistischen Moral unterwerfen. Außerdem hatte ich Spaß am Sex und habe ihn auch bis heute nicht verloren.«

Birgit ist seit zwanzig Jahren verheiratet. Und das glücklich, wie sie mir versichert. Mit einem Elektromeister mit eigenem Betrieb. Vier Angestellte haben sie, und zwei davon seien Frauen, erzählt sie stolz.

»Mein Mann hat keine Ahnung von meiner Vergangenheit, und so soll es auch bleiben. Wenn er erführe, dass ich zu DDR-Zeiten eine Hure war, würde er sich augenblicklich trennen.«

Weshalb sie sich mit mir getroffen hätte, wollte ich wissen. Sie zögert, tippt mit den roten Nägeln auf den Caféhaustisch.

»Darf ich du sagen?«, fragt sie mich. Dann fiele ihr das Erzählen leichter. Ich nicke. »Obwohl alles schon Jahrzehnte her ist, beschäftigt es mich immer noch. Nicht jeden Tag, aber zwischendurch kommen immer wieder Erinnerungen hoch. An manche Erlebnisse erinnere ich mich gerne, andere bereiten mir heute noch schlechte Gefühle.«

Ich schweige, lasse sie reden. Birgit schaut mich eine Weile lang an, dann taucht sie in ihre Vergangenheit ein. Erst zögerlich und stockend, dann offen und ohne Scheu.

Alles fing am 8. März 1985 an.

»Meine Nachbarin hatte mich am Frauentag auf Kaffee und Kuchen eingeladen. Streusel mit Zuckerguss und selbstgebacken. Wir hatten bis dahin wenig Kontakt gehabt. Mal ein Hallo und Guten Tag auf der Treppe, ein Nicken beim Bäcker. Mehr war nicht gewesen. Doch Gisela hatte mich schon lange neugierig gemacht. Sie erschien mir wie eine selbstbewusste Frau, die wusste, was sie wollte. Das dunkle Haar verdeckte teilweise ihre Ohren mit den auffällig langen Gehängen. Die Naturlocken kringelten sich über die Brüste bis fast zur Taille hinab. Sie wirkte animalisch und verdammt erotisch. Sie lief in schicken Klamotten herum, die mehr nach Westen als nach VEB aussahen. Am geilsten fand ich ihre Schuhe. Absätze so hoch wie der Fernsehturm und in ständig wechselnden Farben. Mal in Knallrot, dann in Blau, Grün oder Gelb. Echt heftig! Einmal hörte ich, wie die Lehrlinge aus dem Fahrradladen sie eine ›geile Tussi‹ nannten, mit der man viel Spaß haben könnte. Obwohl ich den Spruch ziemlich daneben und machohaft fand, fragte ich mich, wie Männer über mich reden. War ich auch eine ›geile Tussi‹ oder eher die graue Maus aus dem Hinterhaus?

Als ich an dem besagten Frauentag ihre Wohnung betrat, begann für mich ein neues Leben, von dem ich jedoch zu diesem Zeitpunkt noch nichts ahnte. Ich zog die Schuhe aus und der Teppich unter meinen Füßen war traumhaft weich und das Sofa unter dem Fenster war tausendmal bequemer als mein altes Ding. Der Kaffee, den sie auf den Tisch stellte, war auch eindeutig nicht aus der HO.«

Die Frauen waren sich sympathisch und fassten schnell Vertrauen zueinander. Nach Kaffee und Kuchen gingen sie zu Wein über. Erst tat Gisela geheimnisvoll, dann redete sie munter drauf los. Nach jedem Glas wurde sie lockerer, erzählte von ihrer Kindheit in Dresden und wie mühsam es gewesen war, sich das Sächseln abzugewöhnen.

»»Du wunderst dich bestimmt über den Westfernseher, über die Stereoanlage und den Melitta-Kaffee‹, flüsterte sie geheimnisvoll. Natürlich war ich neugierig, obwohl ich mir schon selbst ein paar Gedanken über die Herkunft der Sachen gemacht hatte. Ohne meine Antwort abzuwarten, redete sie fröhlich weiter. Der Wein hatte ihre Zunge kräftig gelockert und sie wollte wohl auch ein wenig prahlen. Innerhalb der nächsten Stunde und nach dem Entkorken der dritten Flasche verriet sie mir ein Geheimnis. Doch vorher musste Gisela versprechen, es für mich zu behalten. Niemand dürfe davon erfahren. Ich versprach ihr hoch und heilig, die Klappe zu halten. Danach sprudelte es nur so aus ihr heraus. Mit ihrem Bürojob im Polizeipräsidium könne sie sich das alles natürlich nicht leisten. Also hätte sie vor einem Jahr beschlossen, sich als Prostituierte ein paar Mark nebenbei zu verdienen. Sie selbst nannte es ›Taschengeld‹ und sich bezeichnete sie lustigerweise als ›Freizeithure‹. Jeden Samstag saß sie in einer Bar eines der Interhotels und schaffte an. Die im Bett verdiente Westmark tauschte sie um und versteckte sie bei ihrer Mutter, die über ihre Nebeneinkünfte Bescheid wusste und es tolerierte.«

Nachtbar zu DDR-Zeiten

Birgit bestellt sich einen weiteren Cappuccino und kramt in ihrer Handtasche. Sie zeigt mir ein altes Bild ihrer Nachbarin, einer Frau Mitte zwanzig mit langen dunklen Haaren und auffällig langen Ohrringen.

»Sie war eine richtig Süße, ehrlich. Aber auch ich war nicht ganz ohne.« Sie kramt weiter in ihrer Tasche und reicht mir ein Foto von sich als junger Frau. Auf einem Barhocker sitzend, die Beine übereinandergeschlagen, mit einem Sektglas in der Hand. Eine Frau, an der ein Mann nur schlecht vorbeigehen kann. »Das war in der *Sinus-Bar* im *Palasthotel*. Das Bild hat Gisela an unserem ersten gemeinsamen ›Ausritt‹ gemacht, eine Woche nach dem Treffen bei ihr. Sie hatte mir damals so viele aufregende Geschichten von ihren Männerbekanntschaften erzählt, dass ich neugierig geworden war. Zu dieser Zeit hatte ich keinen Freund und die Aussicht, einen tollen Typen zu treffen und ein paar Mark West zu verdienen, war sehr verlockend.«

Dass der Türsteher eine »kleine Spende« in Westmark erwartete, hatte ihr Gisela vorher erzählt und ihr sogar die zwanzig Mark geliehen.

»Ich durfte auch in ihrem Kleiderschrank wühlen und mir passende Klamotten für meinen ersten Auftritt aussuchen. Ich erinnere mich, als wäre es gestern erst gewesen. Ich hatte mich für ein kurzes schwarzes Kleid entschieden und war verdammt aufgeregt. Gisela hatte mir auf dem Weg zur *Sinus-Bar* noch ein paar letzte Tipps mitgegeben. Lächeln sollte ich, öfter mal meine Haare aus dem Gesicht streichen und meine Beine zeigen. Originalton Gisela: ›Das macht die Kerle geil.‹«

Die *Sinus-Bar* war gut besucht. Es waren zahlreiche männliche und gut gekleidete Gäste anwesend. Jeans und Turnschuhe waren verpönt. Für Birgit eröffnete sich eine völlig neue Welt. Raus aus dem grauen DDR-Mief. Rein in die exklusive Welt des Kapitalismus. Sie setzte sich auf den einzigen freien Platz an der Bar und betrachtete aufmerksam die Szene um sich herum. Wie fast jeden Abend waren zwanzig bis dreißig junge Frauen hier. Und jede von ihnen hoffte auf einen »Westanschluss«.

»Irgendwie hatte ich plötzlich Angst vor meiner eigenen Courage, aber ich tat so, als wäre ich Stammgast hier. Aus Giselas Erzählungen wusste ich, dass es Frauen gab, die hier täglich verkehrten und sozusagen zum zweibeinigen Inventar gehörten. Ich beobachtete, wie sich die anderen Frauen verhielten und wie verschieden die Männer bei der Kontaktaufnahme waren. Die einen gingen recht munter und forsch vor, einige wiederum schlichen erst mehrmals um eine Frau herum. Wieder andere versuchten, durch Blickkontakt eine Frau auf sich aufmerksam zu machen.«

Doch zu langen Beobachtungen kam es dann nicht mehr. Sie spürte eine Hand auf ihrer Schulter und beim Blick in das Spiegelglas der Bar sah Birgit einen Mann um die fünfzig mit dunkler Hornbrille und Stirnglatze.

»Er war einer von der schnellen Sorte, was mir sehr lieb war. Befreite es mich doch davor, noch lange hier sitzen zu müssen und mich beobachtet zu fühlen. Er spendierte mir einen Drink und redete nicht lange um den heißen Brei herum. Als er mir seine Wünsche ins Ohr flüsterte und über meinen

Rücken streichelte, bekam ich Gänsehaut am ganzen Körper. Das war mir schon lange nicht mehr passiert und hat mich heftig erregt. Während ich noch überlegte, wie ich mich verhalten sollte, zog er seinen Zimmerschlüssel aus der Hosentasche und legte seine Hand auf mein Knie. Dann sind wir in Richtung Fahrstuhl verschwunden. Wir küssten uns, stiegen im dritten Stock aus und verschwanden im Zimmer 304. Zwei Minuten später lagen wir im Bett. Michael verplemperte seine Zeit nicht mit Reden. Erst da fiel mir ein, dass ich noch gar nicht über Geld gesprochen hatte. Dabei hatte mir Gisela mehrmals gesagt: ›Birgit‹, hatte sie gesagt, ›bevor du fickst, musst du über den Preis sprechen.‹ Jetzt war es allerdings zu spät, um über Geld zu verhandeln.«

Besonders attraktiv wäre ihr erster Freier nicht gewesen, erzählte sie. Doch er hätte einen ganz besonderen Charme gehabt und wäre sehr zärtlich gewesen. Seine Hände wären überall gewesen und hätten schnell die richtigen Stellen gefunden. Als sie nach einer Dreiviertelstunde das Zimmer verließ, habe er ihr hundertfünfzig Westmark und seine Visitenkarte in die Hand gedrückt.

Inzwischen ist meine Interviewpartnerin von Cappuccino auf Wein umgestiegen und findet sichtlich Spaß am Erzählen. Allerdings muss ich ihr noch einmal versichern, ihren richtigen Namen zu verschweigen. Sie käme sonst in Teufels Küche.

»Willst du wissen, wie ich mich nach meinem ersten bezahlten Geschlechtsverkehr gefühlt habe? Richtig gut. Ich hatte schon immer Spaß am Sex und war für alles aufgeschlossen. Ob auf der Wiese im Strandbad, mit meinem früheren Freund im Hausflur oder im Auto. Doch mit einem wildfremden Mann in einem Nobelhotel ins Bett zu steigen und Geld dafür zu nehmen, toppte alles bisher Erlebte. Es hatte einen besonderen Reiz. Ich weiß natürlich, dass nicht jeder das so sieht. Aber das liegt vielleicht daran, dass wir Frauen aus dem Osten schon immer aufgeschlossener und neugieriger waren als ihr Wessis.«

Birgits Aussage kann ich nur zustimmen. Die meisten DDR-Frauen, die ich zu diesem Thema interviewt habe, waren alles andere als prüde. Durch ihre Berufstätigkeit waren die meisten sehr selbstbewusst und zeigten sich auch in Sachen Erotik sehr aufgeschlossen.

Auch Birgit hatte einen Job. Acht Stunden lang tippte sie die Briefe ihres Chefs, kochte Kaffee und hörte sich die Klagen ihrer Kolleginnen an. Ihr Gehalt von sechshundertvierzig Mark reichte zwar zum Leben, aber nicht für große Sprünge. Sie zahlte allerdings für ihre Einraumwohnung nur sechsundvierzig Mark Miete, wollte aber lieber im Grünen wohnen und ein Auto fahren.

»Mir ging es in erster Linie jedoch nicht ums Geld, jedenfalls nicht nur. Ich wollte begehrt werden, hören, wie schön ich sei und dass mein Körper einen Mann um den Verstand bringen kann. Mein früherer Freund war in dieser Hinsicht leider sehr zurückhaltend.« Birgit lächelt und zeigt ihre blitzeweißen Zähne.

Die hundertfünfzig Westmark versteckte sie unter dem Teppich am Eingang ihres Wohnzimmers.

»Mindestens einmal am Tag klappte ich die Fransen hoch und schaute nach, ob das Geld noch da war. Bis heute finde ich es komisch, dass ich das Geld versteckte, obwohl ich alleine wohnte. Doch im Laufe der Jahre ist jeder DDR-Bürger misstrauisch geworden. Ich wusste von zwei Freunden, die in einer Band spielten und die während eines Auftrittes Besuch von der Stasi bekamen und alles durchsucht wurde. Die hatten sich nicht mal die Mühe gemacht, hinterher aufzuräumen.«

Birgit wurde in Ruhe gelassen. Sie selbst glaubt, es lag daran, dass sie nicht jeden Tag auf Männerfang ging. Denn ganz anders sah es bei einigen Frauen aus, die sie im Laufe der Zeit kennenlernte. Einige wurden überwacht und später erpresst.

»Im ersten Monat ging ich lediglich jeden Samstag einmal in die *Sinus-Bar* und verschwand, wenn ich einen Freier gehabt hatte. Allerdings nahm ich auf Giselas Rat hin künftig zweihundert DM für eine bis eineinhalb Stunden Sex. Nach vier Wochen ging ich zu unregelmäßigen Zeiten ins *Palast-*

hotel, blieb aber dafür länger. Dann kam es schon mal vor, dass ich mit zwei oder drei Männern schlief. Inzwischen hatte ich zwei Stammfreier, die mich zu Hause besuchten. Sie zählten nicht zu den Personen, für die sich die Stasi interessierte. Ich nehme an, das war auch der Grund, weshalb man mich in Ruhe ließ. Zumal einer der beiden ein Mann aus der bulgarischen Botschaft war. Wer weiß, wie das alles zusammenhing.«

Birgit genoss das Leben in der DDR mit all den Vorteilen, die das Westgeld mit sich brachte. »Ich kaufte regelmäßig im Intershop ein. Schließlich gab es dort alles, was du in der HO oder im Konsum noch nie gesehen hast. Damit meine ich nicht etwa Bananen oder Apfelsinen. Ich kaufte mir Westjeans, geile BHs, superknappe Slips und statt Nullachtfünfzehn-Parfüm, das wie Kloreiniger roch, das echte ›Opium‹ von Yves Saint Laurent. Für Getränke sorgten immer die Herren. Entweder aus der Bar des Hotels oder sie brachten echten Schampus mit in meine Wohnung.«

Als Gisela ihr den Vorschlag unterbreitete, mit einem ihrer Freier einen Dreier zu machen, sagte Birgit spontan zu.

»Sex zu dritt hatte ich noch nie gehabt und war dementsprechend neugierig und aufgeregt. Der Typ war Mitte zwanzig, sah aus wie sechzehn und spielte den Draufgänger. Von nun an hatten Gisela und ich so manchen Dreier mit unseren Stammgästen. Es hatte sich nämlich schnell herumgesprochen, dass wir für alles offen waren. Dann war Party angesagt. Ich habe schon immer gerne gekocht und so gerieten diese erotischen Treffen fast zu einem Familienfest. Nur eine Nummer mit zwei Männern war nicht mein Ding. Doch Gisela war auch dafür zu haben. Ganz abgesehen von den Männern, entwickelte sich zwischen Gisela und mir eine Art lesbische Beziehung. Wir taten uns gegenseitig gut und genossen unsere kleinen Spielereien.«

Inzwischen hatte Birgit ihre »Betriebstätte«, wie sie es nennt, um ein weiteres Hotel erweitert. Das hundertfünfundzwanzig Meter hohe Interhotel *Stadt Berlin* am Alexanderplatz mit fast vierzig Etagen und tausendsechs Zimmern war für sie ein idealer Treffpunkt zum Anbaggern. Fast ausschließlich Gäste aus dem kapitalistischen Ausland, denen das Geld locker in den Taschen saß.

»Auf jeder Etage wartete mindestens ein allein reisender Mann mit erotischen Wünschen. Ein paarmal auf und ab durch die Lobby, auf die Blicke der Männer geachtet und in ihre Richtung gelächelt – das war oft der Anfang für mehr. Beliebt war auch eines der Restaurants. Ein Flirt von Tisch zu Tisch zwischen Vor- und Nachspeise hatte oft Erfolg. Doch die Abende an der Bar waren nicht zu toppen. Nackte Beine und ein Schlafzimmerblick lassen eben keine Wünsche offen.«

Birgit lernte viele Männerwünsche und -träume kennen, von denen sie vorher keine Ahnung gehabt hatte und von denen die meisten Frauen bis zur Goldenen Hochzeit noch nichts wissen.

»Ich war erstaunt, wie wenige Paare darüber reden. Täten sie es, hätten Huren viel weniger Kunden. Sex im Fahrstuhl war der Wunsch eines Siebzigjährigen. Mein lieber Mann, im elften Stock den Lift anhalten und mit dem Vorspiel beginnen. Das hat was. Ehrlich! Einer wollte es, obwohl er eine Suite gemietet hatte, im Auto machen. Nachts auf einem Parkplatz am Wald. Und wenn Winfried aus Düsseldorf, Reisender in Sachen Maschinenbau, mich treffen wollte, packte ich meine schwarzen Dessous und die dazu passenden Lackstiefel ein.«

Birgit war eine von schätzungsweise zweihundert Frauen, die sich in den Berliner Interhotels auf diese Weise komfortabler durchs Leben schlugen als die meisten ihrer Geschlechtsgenossinnen. Einige flogen auf, wurden wegen asozialen Verhaltens verurteilt oder Zuträger des MfS. Ein Dasein als IM bedeutete nicht nur den Verrat von Freiern und Freunden. Als Inoffizieller Mitarbeiter war man auch vor Verhaftung und Strafe geschützt. Birgit blickt nicht im Zorn zurück. Sie bedauert nichts, weint keinem Mann eine Träne nach, obwohl sie sich in einen ihrer Freier verliebte.

»Er hieß Burkhard und ich lernte ihn im Hotel *Stadt Berlin* kennen. Es war eine vertrackte Zeit. Er wollte mich heiraten und ich hätte einen Ausreiseantrag stellen können, der auch genehmigt worden wäre. Doch ich wollte hierbleiben und hatte Schiss, in Westberlin nicht glücklich zu werden. Außerdem lebten meine Eltern, meine Schwester und mein Bruder hier. Und ehrlich gesagt, machte mir mein Job richtig Spaß. Viel Sex, viel Geld, viel Freizeit. Burkhard verstand das nicht und zog sich beleidigt zurück. Zwei Monate später klingelte er noch mal an meiner Tür. Doch ab jetzt war er nur noch ein Kunde wie alle anderen.«

Bis zum letzten Tag der DDR verkaufte Birgit ihren Körper weiter. Als die Mauer fiel, versuchte sie ihr Glück bei einem Westberliner Escort-Service. Die Konkurrenz war groß und das Geld lag nicht mehr auf der Straße.

»Am 8. März 1991, exakt sechs Jahre nach meinem Entschluss, Hure zu sein, kehrte ich meinem früheren Leben den Rücken. Am 1. April begann ich mit Ende zwanzig die Ausbildung zur Kindergärtnerin. Ich war eine der ältesten Azubinen, habe mit Auszeichnung bestanden und bin heute Leiterin einer Kita im Umland von Berlin.«

MÄNNERTAUSCH UND SEX ZU DRITT
DECKNAME »OPAL«

Attraktive Frauen als Agentinnen und Informantinnen einzusetzen, ist seit Jahrtausenden ein beliebtes Mittel, um Männern Geheimnisse zu entlocken. Spioniert wird in der Politik, in der Wirtschaft oder wenn es um die Treue des Ehemanns geht. Ein weit verbreitetes und erfolgreiches Verfahren.

Auch der Staatssicherheitsdienst in der DDR war mit den menschlichen Schwächen bestens vertraut und nutzte sie für seine Zwecke aus. Das Druckmittel des MfS war der Paragraf 249, wonach seit 1968 jeder bestraft werden konnte, der keiner geregelten Arbeit nachging. Darunter fielen auch Frauen, die Prostitution betrieben und keine Arbeitsstelle nachweisen konnten. Sie waren leicht erpressbar und willig, in Zukunft für das MfS zu horchen, zu gucken und zu vögeln. Es waren Frauen, mal anonym angezeigt von Ex-Freunden und verlassenen Ehemännern oder von neidischen Nachbarn verraten. Es gab zivile Kontrollen in Tanzlokalen, Bars und Interhotels, um HwG-Personen aufzuspüren, die nach Männerbekanntschaften zwecks Prostitution suchten. Die Auswahl war groß. Doch oft stellte sich heraus, dass nicht jede angeworbene Frau als Spitzel geeignet war. Einige, die anfangs vielversprechend erschienen, stellten sich im Laufe der Zeit als Flop heraus.

So wie bei IM »Opal«. In der Beschlussakte der Bezirksverwaltung für Staatssicherheit Berlin, Kreisdienststelle Mitte vom 24. Juni 1986 wurde sie aus ihrer Verpflichtungserklärung entlassen. Begründung: »NICHTEIGNUNG!«

Angefangen hatte es ein gutes Jahr zuvor. Karla war jung, zierlich, zweiundzwanzig Jahre alt, hatte dunkle Haare bis zur Taille und dunkelbraune Augen, die sinnlich in die Welt blickten. Pro forma hatte sie ein Bäckermeister als Reinigungskraft in seinem Laden angemeldet. Auf diese Weise konnte sie dem Strafbestand der Gefährdung der öffentlichen Ordnung durch asoziales Verhalten entgehen. Ihr Dank: einmal in der Woche Sex mit Bäckermeister M.

Doch Karla war vielleicht zu lebenslustig und auch zu unvorsichtig. Die Vereinbarung mit Bäckermeister M. war ihr bald zu viel. Von nun kaufte sie ihre Brötchen im Konsum und M. hatte Oralverkehr mit seiner neuen Angestellten.

Dass sich bei Karla zahlreiche Männer die Klinke in die Hand gaben, war für die Nachbarn nicht zu übersehen. Da war der Dunkelhaarige mit dem Volvo, der einmal in der Woche direkt vor dem Haus auf dem Gehweg parkte. Auch der VW Golf, der jeden Mittwoch exakt um vierzehn Uhr vorfuhr, war mehr als auffällig. Grünmetallic mit zerbeultem Kotflügel auf der Beifahrerseite. Obwohl Karla eine ruhige und freundliche Mieterin war und jeden Hausbewohner grüßte, hatte sie sich Martha T. aus dem Parterre zur Feindin gemacht. Sorgsam mit Datum und Tageszeit notierte diese jeden von Karlas Männerbesuchen. War sie auf Karlas Liebesleben neidisch? Oder auf die schicken Kleider, die diese trug? Die Fragen konnten nie geklärt werden, was für die weitere Entwicklung des Falles auch nicht nötig war.

Als Martha T. einmal einen kurzen Blick durch Karlas geöffnete Wohnungstür werfen konnte, fiel ihr sofort der Farbfernseher ins Auge. Daraufhin fasste sie den Entschluss, die Nachbarin zu melden und ihr auf den Zahn fühlen zu lassen. Natürlich anonym, denn mit der Staatsmacht wollte Martha T. nichts zu tun haben. Wenige Tage später erkundigte sich der zuständige Abschnittsbevollmächtigte (ABV) bei allen Mietern des Hauses über Karlas Lebenswandel. Die Informationen reichten aus, um sie verstärkt im Auge zu behalten.

In den Observierungsberichten wird sie als sportliche Person beschrieben, die dreimal wöchentlich eine Stunde durch den Treptower Park läuft. Zweimal wurde sie dabei beobachtet, wie sie von männlichen Personen in Kraftfahrzeugen mit Westberliner Kennzeichen abgeholt wurde. Ebenso oft hätten Männer ihre Autos vor der Haustür geparkt und sie in der Wohnung besucht. Nach jeweils einer guten Stunde wären diese wieder weggefahren. Damit hatte sich der anonyme Vorwurf erhärtet. Als zusätzlich noch der Tipp von der Stasi-Kreisdienststelle Mitte bezüglich eines Verdachts der Prostitutionsausübung einging, legte Leutnant Strehlke am 22. Mai 1985 eine Akte zu diesem Vorgang an.

»… dem IME (S) mit dem Decknamen ›Kommissar‹ von der Kreisdienststelle Mitte wurde im Mai 1985 inoffiziell bekannt, daß der Kandidat (Karla) häufig wechselnde Männerbekanntschaften unterhält und damit im wesentlichen seinen Lebensunterhalt bestritten. Hierbei soll es sich überwiegend um Ausländer und Botschaftsangehörige kapitalistischer Staaten handeln …«

Eine daraufhin veranlasste viertägige Observation ließ vermuten, dass Karla über Kontakte verfügte, die für das MfS von höchster Bedeutung sein könnten. In der Begründung, sie als IM anzuwerben, heißt es: »Das Ziel der Gewinnung des Kandidaten für die inoffizielle Zusammenarbeit mit dem MfS besteht in der Aufklärung und Verhinderung von Straftaten des ungesetzlichen Verlassens der DDR. In diesem Zusammenhang soll der Kandidat zur Aufklärung von Unterstützungshandlungen durch Mitarbeiter von Botschaften, bzw. Vertretungen von Staaten aus dem nichtsozialistischen Ausland eingesetzt werden. Der vorgesehene Einsatz bezieht sich schwerpunktmäßig zu Kontaktpersonen aus dem Freizeitbereich des Kandidaten in Gaststätten und Interhotels …«

Um den Sachverhalt genauer zu prüfen und sicherzugehen, dass es sich nicht nur um Vermutungen oder gar um eine Verleumdung handelt, wurde IKMR »Koller«, der eigentliche Tippgeber, in die Normannenstraße bestellt. IKMR »Koller« war ein Informant aus der sogenannten Rechtsbrecherszene. Hauptsächlich gab er Hinweise aus dem Einbrechermilieu und lieferte Bürger ans Messer, die illegal die DDR verlassen wollten.

Am 25. September 1985 bestätigte er Leutnant Daniel gegenüber den Sachverhalt. Über die bereits bekannten Informationen zu Karla hinaus vermeldete er noch weitere Neuigkeiten. Als Informant mit nicht ganz sauberer Weste hatte IKMR »Koller« gelernt, dass es nicht ratsam ist, sein gesamtes Wissen auf einmal auszupacken. Ein bisschen heute, ein bisschen morgen, den Rest vielleicht übermorgen. So war er bisher ganz gut gefahren. Und dass er es mit der Wahrheit nicht allzu genau nahm, war bekannt. Er berichtete, dass Karla eine Freundin namens Gabi habe und mit ihr regelmäßig in der HO-Gaststätte *Lindencorso*, im *Palasthotel* sowie in den Hotels *Berolina* und *Metropol* verkehre. Nach seiner Kenntnis suchen sie dort Kontakt zu Ausländern, um gegen harte Währung mit ihnen zu schlafen. Auch Mitarbeiter der Ständigen Vertretung der Bundesrepublik in der DDR sollen zu ihren Kunden gehören. Mit diesen Informationen erhoffte sich IKMR »Koller« ein paar zugedrückte Augen bei seinen eigenen unsauberen Geschäften.

Im Originaltext des MfS-Protokolls heißt es: »... die engen Kontakte des Kandidaten (Karla) zu Ausländern, insbesondere zu bevorrechtigten Personen aus dem nichtsozialistischen Ausland (NSA), sowie sein regelmäßiger Aufenthalt in den obengenannten Einrichtungen lassen ihn geeignet erscheinen.

... zur Aufklärung von Ausländern, die Kontakte zu DDR-Bürgern suchen ...

... zur Aufklärung von bevorrechtigten Personen ...

... zur Aufklärung von DDR-Bürgern, die in den obengenannten Einrichtungen verkehren und Kontakte zu Ausländern suchen mit dem Ziel des Verlassens der DDR auf ungesetzliche Weise oder Ersuchen auf Übersiedlung.«

Auch Karlas Freundin Gabi wurde nun einige Tage überwacht. Polizei- und MfS-Akten wurden durchforstet und Karlas Umfeld noch einmal überprüft. Da das MfS für beide Frauen besondere Pläne verfolgte, durften sie auf keinen Fall schon mal auffällig geworden sein. Die Überprüfung geschah mit Absicht besonders rücksichtslos. Jeder, der mit Karla

Das *Lindencorso* Unter den Linden – einer der Orte, an denen sich
Prostituierte und Männer aus dem Ausland kennenlernten

oder Gabi in Verbindung stand, wusste spätestens jetzt, dass
die Stasi sie ins Visier genommen hatte. Freunde, Bekannte
und Nachbarn zogen sich zurück, ohne dass Karla oder Gabi
ahnten, weshalb die Menschen einen großen Bogen um sie
machten.

Nach den abgeschlossenen Recherchen fand der erste
Anbahnungstermin mit Karla in ihrer Wohnung statt. Das

MfS hatte den Entschluss gefasst, sich erst einmal auf sie zu konzentrieren. Alles andere würde sich später ergeben.

Als es mittags unverhofft bei ihr klingelte, dachte Karla, ein »Freund« käme früher als verabredet. Als sie die Tür öffnete, war sie nur mit einem hauchdünnen Etwas bekleidet (ein Geschenk von ihm). Doch der Mann, der vor ihr stand, war ihr nicht bekannt. Es stellte sich ihr als Genosse Hamann vor, bat freundlich um ein Gespräch unter vier Augen und betrachtete Karla wohlwollend. Schließlich wurde er nicht jeden Tag von einer Frau in durchsichtigen Dessous empfangen. Während Hamann noch auf Karlas halbnackte Brüste starrte, hatte diese sich wieder gefasst. Mit den Worten, sie wäre gerade auf dem Weg ins Bad gewesen, entschuldigte sich für ihren freizügigen Auftritt.

Karla zog sich Jeans und Pulli an und setzte sich Hamann gegenüber. Der hatte sich, wie im MfS-Schulungsseminar gelernt, ins Gegenlicht vor das Fenster platziert. So konnte Karla seine Gesichtszüge kaum erkennen, während er, mit der Sonne im Rücken, seine Gesprächspartnerin gut im Blick hatte. Auch das weitere Vorgehen hatte er bei der MfS-Ausbildung gelernt. Erst knallhart die Fakten auf den Tisch legen und den anderen durch Beschuldigungen verängstigen, verwirren und verunsichern. Danach schweigen, um die Worte wirken zu lassen. »Zermürben durch Stille«, hieß es in der Ausbildung. Dann leise und verschwörerisch eine Lösung anbieten.

Hamann schmiss Karla alle Verfehlungen an den Kopf. Asoziales Verhalten, Prostitution, Devisenvergehen und noch ein paar weitere Straftaten, die er sich ausgedacht hatte. Je mehr, desto besser. Angst macht gefügig. Zum Schluss sprach er von der moralischen Aufgabe eines jeden DDR-Bürgers, ein Vorbild für die Jugend zu sein. Karla versuchte ihre Angst zu verbergen, aber das Zittern ihrer Hände bestätigte Hamann die Wirkung seiner Worte. Karla schwieg und wartete mit gesenktem Blick auf das, was nun kommen sollte. Würde der Mann sie in Handschellen abführen? Würde sie im Gefängnis landen? In ihrem Kopf spielten sich die schaurigsten Horrorszenen ab. Doch nichts von alledem geschah.

»Sehen Sie, nichts ist endgültig, ausgenommen der Tod«, sprach er zu ihr mit leiser Stimme, die in Karlas Ohren fast warmherzig klang.

Erleichtert atmete sie auf. Hamann erhob sich, lief langsamen Schrittes mehrmals durch das Wohnzimmer. *Verunsicherung durch Schweigen.* Nachdem er sich wieder gesetzt hatte, erörterte er Karlas Möglichkeit, ohne Strafe davonzukommen: Das Wunderwort hieß »Wiedergutmachung«.

»Sie können«, sagte er, »Sie können Ihre sozialistische Gesinnung beweisen und uns zeigen, dass auch Sie für Frieden und Freiheit eintreten.«

Als Karla fragte, wie sie das zu verstehen habe, schüttelte Hamann den Kopf über so viel Naivität. Doch Karla wusste schon, was er von ihr verlangte. Sie wollte lediglich Zeit für eine passende Antwort gewinnen.

»Karla, ich darf Sie doch Karla nennen?«, fragte er, und ohne die Antwort abzuwarten, fuhr er fort: »In unserem Sinne zu kooperieren heißt, Sie dürfen weitermachen wie bisher. Allerdings müssten Sie Ohren und Augen beim Verkehr mit Ihren Liebhabern offen halten und die Informationen an uns weitergeben. Zusätzlich zu Ihren Kunden würden wir Sie hin und wieder bitten, gezielt von uns gewünschte Herren zu bedienen. Dazu würden wir Ihnen vorher Fotos und Informationen beschaffen. Sie lassen Ihren Charme spielen und bringen ihn im Bett nicht nur zum Orgasmus, sondern auch zum Reden.« Bei diesem Satz grinste er Karla an, als hätte er ihr ein Weihnachtsgeschenk übergeben.

Am nächsten Tag unterschrieb Karla in der MfS-Zentrale in der Normannenstraße eine Einverständniserklärung und wurde zu IM »Opal«.

Da die Angelegenheit mit Karla auf einem guten Weg war, überprüfte Hamann, ob auch IKMR »Koller« der KD Mitte für die inoffizielle Aufklärung der Kandidatin geeignet und einsetzbar sei. Inzwischen war bekannt geworden, dass er in sehr enger Beziehung zu Karlas Freundin Gabi stand und vielleicht ein falsches Spiel spielte. Weiterhin musste geklärt werden, ob die inoffiziellen Hinweise auf Prostitution auch offiziell auswertbar waren.

Karla und Gabi hatten sich zwei Jahre zuvor auf der Geburtstagsfeier eines gemeinsamen Freundes kennengelernt und angefreundet. Gabi trug Jeans und Bluse, die mit Sicherheit nicht aus einer VEB-Produktion stammten. Es wurde getanzt, getrunken, gelacht. Irgendwann nach Mitternacht erzählte ihr Gabi, dass sie zwei Männer aus dem Westen an der Hand habe, die regelmäßig mit ihr vögelten, und sie Geld dafür nehme.

»Du bist also eine Nutte«, stellte Karla fest.

»So direkt kann man das nicht sagen«, erwiderte Gabi. »Ich nehme das, was mir geboten wird.«

Dann plauderte sie aus dem Nähkästchen. Und das mit einer Ausführlichkeit, die Karla immer neugieriger werden ließ. Sie erzählte von wilden Sexpartys in einem Haus in Pankow, von erotischen Spielchen in der Badewanne eines Zimmers in einem Devisenhotel und auch von der schnellen, aber gut bezahlten Nummer im Auto. Eine Geschichte beschrieb Gabi mit einer solchen Leidenschaft, dass Karla sexuell so erregt war, dass sie am liebsten sofort und auf der Stelle mit einem Mann geschlafen hätte. Doch außer den beiden Frauen war niemand mehr da, Karla und Gabi waren die letzten Gäste. Zum Schluss verriet Gabi noch, dass die meisten Männer voll auf Oralverkehr stünden und dafür noch einen Schein drauflegten. Sie verstehe gar nicht, weshalb die Westfrauen es nicht Französisch mochten. Sie jedenfalls habe viel Spaß dabei. Das Gesicht der Typen beim Orgasmus zu beobachten, fände sie äußerst erotisch. Als sie beim Rausgehen noch erzählte, dass kein Geschlechtsverkehr unter hundertfünfzig Mark laufe, hatte sie Karla überzeugt.

In dieser Nacht beschlossen die beiden, in Zukunft gemeinsam um die Häuser zu ziehen und nach solventen Freiern zu schauen. Sie nannten es »sozialistische Kooperation«. Sie tauschten die Männer gegenseitig aus und boten Sex zu dritt an. Mal in Karlas Wohnung, mal bei Gabi, mal in der Wohnung des IKMR »Koller«, der mit Gabi befreundet war und über alle Aktivitäten bestens informiert war.

In der neu angelegten Kriminalakte mit der Registrier-Nummer 7070/5 berichtete IKMR »Koller«, dass Karla am 21. Mai gegen Mitternacht plötzlich in Gabis Wohnung auftauchte, um »Mondos« zu holen, da sie noch Kundschaft aufgetrieben habe. Sie fragte Gabi auch, ob diese nicht Lust hätte mitzukommen. Zwei Männer würden vor der Haustür warten und es verspräche, eine erfolgreiche Nacht zu werden.

Dass Gabi mitging, passte IKMR »Koller« nicht. Erstaunt zeigte er sich über Karlas Aktivität, weil sie sonst eher die Zurückhaltende wäre. Meist fing Gabi die Kunden ein, mit der Karla dann, wie er sich ausdrückte, den GV (Geschlechtsverkehr) durchführte. Bevor Karla und Gabi abzogen, provozierte er Erstere mit den Worten:

»Was für Penner hast du dir denn an Land gezogen?«

Karla entgegnete, dass er schön blöde wäre und keine Ahnung hätte. Oder würde er Angehörige der Ständigen Vertretung als Penner bezeichnen? Die Art und Weise, wie sie es sagte, erschien ihm glaubhaft, zumal sie und Gabi in der Vergangenheit mehrfach Westgeld mit nach Hause gebracht hatten. Außerdem vermutete er, dass sie sich ein gemeinsames finanzielles Polster schaffen wollten und, ohne ihn einzuweihen, ein Konto angelegt hatten. Nach dieser Aussage wurde das MfS misstrauisch und mutmaßte, dass die Frauen einen illegalen Übertritt in die BRD planen. Bei der daraufhin folgenden nochmaligen Befragung einer Nachbarin sagte diese aus, dass Karla im Westen wohl besser zurechtkäme und sich auch nach Westberlin hingezogen fühle. Im nächsten Bericht heißt es:

»... beide gehen weiterhin der Prostitution in der Wohnung des IKMR ›Koller‹ und in Karlas Wohnung nach. Freier, die ein Hotelzimmer haben, besuchen sie im jeweiligen Hotel. Diese Zeiten beziehen sich besonders auf die Wochentage Montag bis Freitag ab 19 Uhr. Beide Personen verlassen dann ihre Wohnungen und begeben sich in das *Lindencorso* Unter den Linden. Hier suchen sie sich ihre Kundschaft aus, Gabi spricht die Männer an, vermittelt sie an ›Opal‹ oder zieht selbst mit ihnen los. Es konnte erarbeitet werden, daß beide mit Angehörigen der Ständigen Vertretung der BRD in der DDR die Wohnung des IKMR oder ein Hotelzimmer aufsuchen, um hier der Prostitution nachzugehen. Diese Information wurde am 21. Mai erarbeitet, als Karla in die Wohnung ihrer Freundin kam, um ›Mondos‹-Überzieher zu holen ...«

Weder Gabi noch Karla wussten etwas über Aktivitäten des MfS. Sie fühlten sich von IKMR »Koller« gut beschützt und ahnten nicht, dass er es war, der sie an die Stasi verraten hatte. Und das aus einem einzigen Grund: Gabi hatte sich von ihm getrennt. Sie glaubte, in ihm einen guten Freund zu haben, mit dem sie über alles reden konnte. Deshalb plauderte sie oft Details über ihre »Verabredungen« aus. Es gab Erlebnisse, über die musste sie einfach reden, und Koller war sozusagen ihr Beichtvater. Dafür durfte er auch hin und wieder in ihr Bett kriechen.

Da war zum Beispiel die Geschichte mit Adrian, der auf Vergewaltigung stand und sie dafür bezahlte, dass sie beim Sex heftig um sich schlug, sich wehrte und hart anpacken ließ. Leider blieben dabei oft schmerzhafte blaue Flecken zurück, die sie beim nächsten Freier überdecken musste. Und es gab die Geschichte mit Wolf, einem fünfzehnjährigen Bengel, von dem sie annahm, er sei achtzehn. Als er sein wahres Alter verriet, hatte sie nicht einmal ein schlechtes Gewissen und traf ihn weiter. Sozusagen zum Schülersonderpreis. Immer neue Infos kamen in die Akte »Opal«, die inzwischen auf sechsundvierzig Seiten angewachsen war.

»... Karla und Gabi boten ihm sogar an, für ihn auf den Strich zu gehen. Und Gabi äußerte, daß sie nach Leipzig zur Herbstmesse fahren möchte, um dort Geld zu machen und evtl. eine Chance zu finden, um hier raus zu kommen. Gegenwärtig kann nicht eingeschätzt werden, ob sie alleine oder gemeinschaftlich mit ihrer Freundin einen ungesetzlichen GÜ realisieren will. Am 10. Juni wurde durch Leutnant Strehlke eine Kontenprüfung bei den Frauen beantragt. Ein Ergebnis liegt noch nicht vor ... Aus diesem Grunde und den o. g. Feststellungen zum GÜ wurde am 1. Juli 1985 zusätzlich ein zweiter Vorgang mit der Tarnung ›Acker‹ veranlasst.«

Eines Abends, als Gabi zerschunden und erschöpft von Adrians »Vergewaltigung« kam, hatte sie ein längeres Gespräch mit IKMR »Koller«. Das Thema war die Ausreise aus der DDR. Ein Westberliner hatte ihr angeboten, sie mit einem Pkw in den Westteil der Stadt schleusen. Ein Risiko bestünde nicht. Vorher bekäme sie ein Schlafmittel, womit sie handlungsunfähig wäre und sich nicht verraten könne. Auf IKMR »Kollers« Frage, ob sie das machen würde, antwortete sie ohne zu überlegen mit Ja. Auch das berichtete IKMR »Koller« am nächsten Tag seinem Führungsoffizier.

»... es kann gegenwärtig nicht eingeschätzt werden, daß die Kontrolle durch den IKMR ›Koller‹ nicht ausreicht und die AR I/U zusätzlich eingeschaltet werden soll. Der Antrag dazu wurde bereits am 22. April gefertigt. Aufgrund der nun bekanntgewordenen Ergebnisse der inoffiziellen Aufklärung durch den IKMR ›Koller‹ wird vorgeschlagen, eine nochmalige Rücksprache mit dem Leiter der I/U zu führen, um die nächsten Maßnahmen abzustimmen.

Da der IKMR durch seine Arbeitszeit an Berlins Theatern gebunden ist und eine durchgängige Kontrolle nicht gewährleistet ist, ist die Kontrolle durch die I/U notwendig. Es muß auch davon ausgegangen werden, daß die Frauen dem IKMR nicht alles erzählen, bzw. gezielte Fehlinformationen absetzen, um ihr Vorhaben zu verschleiern. Der Verdacht, IM ›Koller‹ erzählt nicht alles, darf ebenfalls nicht außer Acht gelassen werden.

Gez. Kranich

Leutnant der K.«

Eine nochmalige Überprüfung durch zwei neutrale Beamte wurde angeordnet. Dem Chef der Polizeiinspektion

Mitte erschienen viele Aussagen unklar oder sogar widersprüchlich. Denn außer heißer Luft hatte es keine wirklichen Ergebnisse gebracht. Als langjähriger »Schnüffler«, wie er sich selbst bezeichnete, hatte er beim Lesen der Akten »Opal« und »Acker« Bauchweh bekommen. Und die Gespräche mit den beteiligten Mitarbeitern fand er auch nicht überzeugend.

Am 27. März 1986 wurde die Kandidatin »Opal« zur erneuten Kontaktaufnahme gemäß Paragraf 249 des StGB in die VPI-Mitte bestellt. Während des Gesprächs stellten die beiden Kriminalpolizisten übereinkommend fest, dass die Kandidatin nicht für eine inoffizielle Zusammenarbeit mit dem MfS geeignet ist. Wie sie zu dieser gänzlich anderen Einschätzung als ihre Kollegen kamen, ist nicht aktenkundig. Im Abschlussbericht vom 20. Juni 1986 heißt es:

»... wegen ihres Äußeren, ihres Auftretens sowie ihrer geringfügigen Intelligenz muß die Möglichkeit ausgeschlossen werden, daß sie im Auftrag des MfS gezielt Männerbekanntschaften sucht und ausbaut. Sie liegt auch in jeder Hinsicht deutlich unter dem Niveau der Frauen, die für Botschaftsangehörige als Intimpartnerinnen in Frage kommen. Bezüglich ihrer vorhandenen Kontakte und Verbindungen sowie der gegen sie erhobenen Vorwürfe hinsichtlich der Prostitution müssen Authentizität und Glaubwürdigkeit der inoffiziellen Ausgangsposition angezweifelt werden. Es ist anzunehmen, daß der IKMR ›Koller‹ der VPI-Mitte/K infolge seiner zerrütteten Intimbeziehung zu einer der Kandidatinnen subjektiv berichtete. Wegen der festgestellten Nichteignung wird der Vorlauf ›Opal‹ nicht archiviert und die Erfassung der Kandidatin und auch die ihrer Freundin Gabi gelöscht.

Gez. Kunze Oberstleutnant und Unterleutnant Kubiczek am 20. Juni 1986«

Der Fall von Karla und Gabi zeigt, dass die Stasi zwar nach weiblichen IM suchte, aber auch bereit war, erste Erkundigungen in Frage zu stellen und, wenn diese sich als falsch erwiesen, den Kontakt mit dem IM abzubrechen. Das MfS tat sich allerdings schwer damit, das zeitnah zu tun. Zu viele Köpfe hatten das Sagen, und dabei blieb oft die Wahrheit auf der Strecke. In der Hoffnung, dass sich anfängliche Verdachtsmomente erhärteten, vergingen im Fall »Opal« mehrere Monate.

Was aus Karla und Gabi wurde, ist aus den Akten nicht erkennbar. Auch nicht, welche Konsequenzen es für den IKMR »Koller« hatte.

Bundesarchiv, Stasi-Unterlagen-Archiv
MfS BV Bln
AIM 205/86

KNAST ODER MITARBEIT
DIE GESCHICHTE VON SANDRA

Persönliche Vorgeschichte:

Es war im Frühjahr 1990, zu Wendezeiten, als mir Sandra über den Weg lief. Ich arbeitete als Fotograf für diverse Zeitungen und Zeitschriften und suchte weibliche Modelle. Eines Abends, ich wollte gerade Feierabend machen, klingelte es an meiner Bürotür. Da stand sie, blonde gelockte Haare bis zu den Schultern.

»Hallo, du suchst ein Model? Deine Suche ist zu Ende. Du hast es gefunden.« Dabei grinste sie frech und tippte mit dem Zeigefinger gegen ihre Brust. Ich war verblüfft und sie fragte mich, ob ich auch sprechen könne. Sie gefiel mir und ihre vorlaute Klappe imponierte mir.

Am nächsten Tag stieg sie für Fotos in die Krumme Lanke. Erst im Bikini, dann ohne. Obwohl es bitterkalt war, murrte sie keine Sekunde und strahlte, als bade sie in einem achtundzwanzig Grad warmen Thermalbad. Wir verstanden uns gut und alle paar Wochen fotografierte ich sie zu einem neuen Thema. Mal beim Bummel über den Ku'damm. Mal im Sonnenblumenfeld, dann wieder eine Schwarzweißserie in einer Potsdamer Ruine. Wir waren ein gutes Team. Von ihrer Vergangenheit erzählte sie damals wenig. Ich wusste nur, dass sie in einem DDR-Gefängnis gesessen und Ärger mit der Stasi gehabt hatte. Darüber reden wollte sie nicht. Kurz bevor wir uns kennenlernten, hatte sie gerade geheiratet und lebte mit ihren Ehemann, dem Dackel Kurt und ihrer Cousine in Neukölln, im Westteil der Stadt.

Drei oder vier Jahre nach unserer ersten Begegnung verließ sie ohne Ehemann, ohne Dackel und Cousine Berlin und versuchte ihr Glück in Brasilien und Venezuela. Sie arbeitete als Model, und wenn die Aufträge ausblieben, kellnerte sie. Sandra war der Typ »Stehauffrauchen«. Nach zwei Jahren landete sie in Oslo, heiratete erneut und lebt seitdem mit ihrem zweiten Ehemann in einem Vorort der norwegischen Hauptstadt. In ihrer kleinen Firma stellt sie Naturkosmetik für Frauen und Männer her.

Jedes Jahr zu Weihnachten fliegt sie nach Berlin und besucht Freunde und Bekannte. So sitzen wir uns am 21. Dezember 2021 in einer Weddinger Pizzeria gegenüber. Geboostert und getestet. Als ich ihr von meinem Buch über die Prostitution in der DDR erzähle, grinst sie und meint, dazu könne sie mir auch eine Menge erzählen.

»Du warst auch ...?«, frage ich.

»Nee, nicht so direkt. Aber wenn du willst und Zeit hast, erzähle ich dir die ganze Geschichte von damals.«

Ich will und Sandra legt los.

Sie war jung und rebellisch. Mit ihrem blonden Lockenkopf war sie überall dabei, wenn es darum ging, anders zu sein. Auffallen um jeden Preis. Mit dem Kopf durch die Wand war Sandras Motto. Sie ließ sich selten etwas sagen und schon gar nicht von Erwachsenen. Wenn Politik ins Spiel kam, konnte sie fluchen wie ein Bauarbeiter nach einer Flasche Nordhäuser Doppelkorn. Da war zum Beispiel die Lehrerin, die nach Sandras dreitägigem Schwänzen des Unterrichts und trotz mehrmaliger Ermahnungen die Nase von ihren Eskapaden voll hatte und ihre Mutter informierte. Der Ärger war vorprogrammiert. Um den endlosen Debatten mit Mutter und Lehrerin aus dem Weg zu gehen, versuchte sie in der Nähe vom Checkpoint Charlie über die Mauer zu klettern. Doch das zierliche Mädchen war zu schwach, um sich über die Mauer zu ziehen. Die Grenzer fassten sie hart an. Zurück blieben ein paar blaue Flecken und der Wunsch, es beim nächsten Mal besser zu machen. Sie kam ins Heim. Ihre Mutter weinte nächtelang. Mit anderen Worten: Sandras Leben verlief alles andere als gradlinig.

»Das war dumm und unüberlegt von mir«, wird sie später über ihren Fluchtversuch sagen.

Wieder draußen schloss sich Sandra einer Gruppe von Punks an und erschreckte die Leute auf dem Berliner Alexanderplatz.

»Wir waren immer gut drauf und hatten viel Spaß, die Spießer zu verarschen«, erzählt sie. Eines Abends hatten sie es übertrieben und gerieten an den Falschen. »Alle rannten weg. Ich war zu langsam und landete auf der Polizeiwache. Aufmüpfig und maulig, wie ich damals war, verweigerte ich die Aussage. Als ich die Beine auf den Tisch legte, war es vorbei mit lustig. Ich landete wieder im Heim.« Gleiches Zimmer wie zuvor. Auch einige der Heimbewohnerinnen waren immer noch oder schon wieder da. »Ich fühlte mich fast zu Hause. Ich wurde zu einer Kochausbildung verpflichtet und bestand die Prüfung sogar mit Auszeichnung.«

Während sie ihre Rede unterbricht, schaue ich sie lange an. Sie ist immer noch schön, stelle ich fest und mache ihr ein Kompliment. Nur den Lockenkopf von damals gibt es nicht mehr. Stattdessen lange dunkle Haare. Doch das freche Grinsen von früher ist geblieben. Der Kellner fragt nach unseren Wünschen und wir bestellen zweimal Spaghetti Carbonara. Während sie sich mit den Nudeln, die immer von der Gabel rutschen, herumquält, plaudert Sandra munter weiter. Ihre Geschichte ist nicht nur ungewöhnlich, sie ist auch gut ausgegangen, obwohl es am Anfang nicht danach ausgesehen hatte. Sandra verrät, dass sie gleich nach der Lehre wieder mit dem Gesetz in Berührung kam.

»Wir waren eine Bande von fünf Mädchen und brachen in Wohnungen gut situierter DDR-Bürger ein. Einige von ihnen hatten das SED-Parteibuch in der Tasche, redeten über den Sozialismus, als hätten sie ihn selbst erfunden, lebten aber wie die größten Kapitalisten, während wir stundenlang für eine Apfelsine anstehen mussten. Wenn wir eine antike Standuhr oder die Schmuckschatulle der Frau Gattin mitnahmen, hatten wir kein schlechtes Gewissen. Den Reichtum umverteilen, nannten wir es.«

Nach einem Dreivierteljahr flogen sie auf und kamen in den Knast. Sie waren verraten worden. Von wem? Das weiß die Sechsundfünfzigjährige bis heute nicht und es fehlt ihr der Mut, um sich ihre Stasi-Unterlagen anzuschauen. Der Gedanke, es könnte ein guter Freund gewesen sein, hält sie davon ab.

Als Mehrfachauffällige mit Fluchtversuch kam sie in den Stasi-Knast nach Hohenschönhausen. Ein Areal, das in der DDR auf keinem Stadtplan verzeichnet war. Erst Einzelhaft, stundenlang grelles Licht und mehrmaliges nächtliches Wecken. Sandra schiebt den Teller mit ein paar zurückgebliebenen Nudeln von sich. Sie grinst.

»Es war eine Scheißzeit, das kann ich dir versichern. Na gut, ich war auch ziemlich frech und bekam oft noch einen drauf. Das hieß: ohne Abendbrot ins Bett. Ich wusste auch nicht, ob Tag oder Nacht war, auch nicht welchen Wochentag wir hatten. Nach eineinhalb Monaten erschien mir mein Verhalten unsinnig und ich sagte gar nichts mehr.«

Dann musste die gelernte Köchin in die Küche zum Kartoffelschälen, Tomaten- und Eierschneiden. Und sie musste Suppe für die Mithäftlinge kochen, die dünn wie Wasser war und auch so schmeckte.

Nach zwei Monaten Küchendienst wurde sie ins Büro des Gefängniskommandanten geführt, der bei ihrem Eintreten sofort den Raum verließ. Ein Typ mit roten Apfelbäckchen bot ihr einen Stuhl an.

»Er fragte, wie ich mich fühle. Eine blödere Frage hätte er nun wirklich nicht stellen können. Als ich ihm nicht antwortete und stattdessen mit den Fingernägeln auf den Kommandantenschreibtisch klopfte, machte er mir einen Vorschlag. ›Nicht dass Sie mich missverstehen, Frau F.‹, flüsterte er, ›was ich jetzt sage, bleibt unter uns und Sie werden nie das Gegenteil beweisen können. Sie sollten sich Ihre Antwort also gut überlegen.‹ Sein säuselnder Ton gefiel mir noch weniger als seine roten Backen. Außerdem verströmte er eine Mischung aus billigem DDR-Parfüm und Schweiß. Am liebsten hätte ich mir die Nase zugehalten. Doch Rotbäckchen war sich seiner Macht bewusst und zeigte keinerlei Zurückhaltung. Er starrte auf meine Brüste und ich grinste bei dem Gedanken, was jetzt in seinem Kopf und in seiner Hose vorging. Ich zwang mich, ihm in die Augen zu schauen. Er wurde unsicher. Das gefiel mir. Als ich auch noch penetrant auf seinen Hosenschlitz starrte, stand er auf und drehte mir den Rücken zu. Ohne mich anzusehen, meinte er, ich sei doch eine attraktive Frau und wisse, wie ich auf Männer wirke. Dann drehte er sich wieder um. Anscheinend hatte sich sein bestes Stück von erotischen Gedanken wieder beruhigt. Natürlich wusste ich, wie ich auf Männer wirke. Und das nicht erst seit gestern. Schließlich hatte ich es oft genug erfahren und Rotbäckchen selbst war der beste Beweis dafür.«

Sandra erzählt mir von ihrem ersten Sex, der wenig optimal gelaufen war. Sie war dreizehn gewesen, Maik fünf Jahre älter.

»Es passierte mehr aus Neugier als aus Lust. Wir hatten in der Gartenlaube seiner Eltern schon ein paarmal rumgeknutscht und gefummelt. Er hatte mir sogar den Pullover hochgeschoben und meine Brüste gestreichelt. Das gefiel mir und ich kam mir so verdammt erwachsen vor. Ich ergriff die Initiative und wollte mehr. Fast alle Mädchen in meiner Klasse hatten schon Sex gehabt und prahlten in den Pausen und nach Schulschluss mit ihren angeblichen Erlebnissen. Jetzt wollte ich es endlich auch wissen. Die Gelegenheit schien günstig, Maiks Eltern waren nicht zu Hause und wir hatten sturmfreie Bude. Wir setzten uns auf das Wohnzimmersofa und tranken den selbstgemachten Bärenfang seiner Oma. Maik zog mir den Pulli über den Kopf und ich saß ihm oben ohne gegenüber. Plötzlich schämte ich mich wegen meiner kleinen Brüste und hätte mich am liebsten wieder angezogen und wäre weggerannt. Doch dazu war es zu spät. Maik nahm meine Hand und legte sie auf seine Hose. Ich fühlte seine Erregung, seine Finger an meiner Muschi und dann passierte es auch schon. Während wir es taten, war ich mit meinen Gedanken allerdings ständig darauf gefasst, dass seine Eltern plötzlich durch die Tür kämen. Zum Glück ging alles gut. Maik und ich trafen uns danach noch mehrmals heimlich in der Laube und hatten eine gute Zeit miteinander. Bis er zur NVA musste. Danach haben wir uns nie wiedergesehen.«

Der Kellner räumt ab. Er lächelt. Sandra lächelt zurück. Sie flirtet eben gern. Als der Kellner hinter dem Tresen verschwunden ist, erzählt sie weiter.

»Natürlich ahnte ich, was Rotbäckchen mir durch die Blume sagen wollte. Doch er war vorsichtig und es blieb lediglich bei einigen Andeutungen wie: ›Sie können mehr aus sich machen ... bei Ihnen werden doch alle Männer schwach ...‹ Bevor er sich verabschiedete, meinte er, ich solle es mir gut überlegen. Zurück in der Zelle lief alles weiter wie zuvor. Grelles Licht, nächtliches Wecken, barscher Ton.«

Eine Woche später kam er wieder und stellte die gleiche dumme Frage, wie es ihr gehe. Er gefiel sich in seiner Machtposition, aber Sandra schwieg weiter. Doch nach ein paar Minuten fragte sie sich, ob es nicht klüger wäre, mit ihm zu reden.

»Also machte ich gute Miene zum bösen Spiel. ›Vielleicht haben Sie recht‹, sagte ich und schaute ihn traurig an, was er als Aufforderung verstand, deutlicher zu werden. Rotbäckchen rückte mit der Sprache raus. ›Wenn Sie wollen, können Sie morgen draußen sein. Ihre Entscheidung.‹ Er schwärmte von den sommerlichen Temperaturen, vom Sitzen im Gartenlokal an der Spree und vom Baden im Strandbad Müggelsee. Die Vorstellung von Freiheit und endlich nachts durchschlafen zu können, das hatte seinen Reiz. Für mich war klar: Wenn ich nicht einen Mord oder Ähnliches begehen sollte, würde ich mich auf einen Deal einlassen. Ich lächelte ihn zustimmend an und er verriet mir, was ich für meine Freiheit tun könne. Er sagte wirklich ›könne‹ und nicht ›müsse‹. Ich nickte und hörte mir seinen Vorschlag an: ›Sie ziehen in eine komplett eingerichtete Wohnung und wir besorgen Ihnen eine Stelle als Köchin. Dafür lernen Sie für uns wichtige Herren kennen und, sagen wir mal so, wir haben nichts dagegen, wenn Sie die Herren auch ganz nah kennenlernen. Sie wissen ja, im Bett reden die meisten Männer wie ein Buch.‹ Obwohl bisher noch kein Mann mit mir im Bett nichts außer Liebesschwüre und unanständige Worte gewechselt hatte, nickte ich und sagte zu.«

Am nächsten Tag wurde Sandra entlassen. Wie jeder Gefangene in Hohenschönhausen durfte auch sie das Gefängnis nicht durch das Eingangstor verlassen. Niemand sollte ahnen, wo er die ganze Zeit gesessen hatte.

»Ich wurde in einem Barkas mit verdunkelten Scheiben hinausgefahren. Nach ungefähr einer Stunde Fahrt kreuz und quer durch die Stadt haben sie mich an der Schönhauser Allee rausgelassen und zwei Männer brachten mich in die Wohnung. Erster Stock mit Blick auf U-Bahn und Straße. Mein neues Zuhause gefiel mir. Dreisitziges Sofa, zwei Sessel, zwei Wandlampen. Nur mit der DDR- und Sowjetliteratur im Bücherregal konnte ich nichts anfangen. Das war nicht meine Welt. Noch am selben Tag fuhr ich zu meiner Mutter und holte ein paar Micky-Maus-Hefte und Westkrimis ab. Sie war natürlich total froh, mich gesund wiederzusehen. Doch bevor sie mich ausfragen konnte, hielt ich meinen Zeigefinger an ihre Lippen. Ich war mir nicht sicher, ob Horch und Guck Mutters Wohnung verwanzt hatten. Sie verstand und schwieg. Kurz vor Mitternacht war ich wieder in der Schönhauser. Das Bett war riesig, Kopfkissen und Zudecke kuschelig-weich. Ich schlief wie ein Baby. Keine Lichtblitze, kein Schlagen an der Tür. Es war wundervoll.«

Sandra schweigt einen Moment, schaut aus dem Fenster, an dem gerade ein Weihnachtsmann vorbeiläuft und ein kleines Mädchen aus Angst vor dem bärtigen Mann losbrüllt. Nachdenklich blickt sie mich an und ich habe das Gefühl, sie ist mit ihren Gedanken im Augenblick weit weg. Dann schluckt sie die letzte Nudel hinunter und schiebt den Teller weg.

»Es erscheint mir, als wäre es gestern gewesen. Ich hätte nie gedacht, dass mich das Reden über meine Vergangenheit so emotional berührt. Ich hatte gedacht, alles läge hinter mir. Doch nun bin ich mit meinen Gefühlen um Jahrzehnte zurückgeworfen. Ich erinnere mich noch genau, wie es drei

Attraktive junge Frauen, die sich etwas zuschulden kommen ließen, wurden von der Stasi gedrängt, den »Klassenfeind« auszuspionieren.

Tage nach meinem Einzug an der Tür klingelte und die rote Backe aus dem Knast vor mir stand. ›Na, wie fühlen Sie sich in Ihrem neuen Heim?‹, fragte er und ging ungefragt an mir vorbei ins Wohnzimmer. Er stellte mir eine Packung Westkaffee auf den Tisch und kam ohne Umschweife zum Thema. Er nannte mir den Namen eines Westberliner Politikers, den ich noch nie gehört hatte, und die Adresse des *Forum-Hotels*, wo dieser am kommenden Mittwoch mit einer Delegation absteigen würde. Um es kurz zu machen: Ich sollte den Mann auf unauffällige Weise kennenlernen. An der Bar, in der Lobby oder im Lift. Ich hätte wohl genug Fantasie, um das zu bewerkstelligen, meinte er. Dann legte er ein Foto des Mannes auf den Tisch, das er später wieder einsteckte.«

Sandra ging zum vereinbarten Zeitpunkt ins Hotel, jedoch ohne den Kontakt aufzunehmen. Sie bestellte sich einen Kaffee und ein Stück Torte, ließ sich als Beweis ihrer Anwesenheit eine Quittung geben. Als eine Gruppe von Anzugträgern durch die Lobby lief, erkannte sie ihr »Opfer« sofort wieder. Der Mann war klein, pummelig und hatte abstehende Ohren. *Den will ich bestimmt nicht kennenlernen und vor allem nicht näher,* dachte sie. Ihrem Führungsoffizier erzählte sie am nächsten Tag, sie hätte sich zwar alle Mühe gegeben, sich sogar neben ihn an die Bar gesetzt und ein Gespräch begonnen. Sie hätte ihre Hand auf seinen Arm gelegt und gelächelt. Doch ohne Erfolg. Schließlich wäre eine Schwarzhaarige gekommen, hätte ihn umarmt und die beiden wären abgezogen.

»Ich fand meine Ausrede perfekt, wusste aber auch, dass das auf Dauer nicht gutgehen würde. Doch ich hatte auch keine Lust, mich zu prostituieren und mit Typen zu schlafen, nur weil die Stasi es verlangte. Nicht dass ich prüde war, aber auf Befehl mit einem fremden Mann ins Bett zu steigen und so zu tun, als würde mir das auch noch Lust bereiten, widerte mich an.«

Eine Freundin riet ihr, es doch wenigstens zu versuchen. Sonst wäre die Gefahr, wieder im Knast zu landen, ziemlich groß. Als sie die nächsten beiden Aufträge ebenfalls »in den Sand setzte«, wurde Rotbäckchen ungehalten und drohte ihr mit erneuter Einlieferung ins Gefängnis. Doch Sandra ließ sich nicht einschüchtern. Im Gegenteil.

»Als er beim nächsten Besuch feststellte«, erzählt sie, »dass das Fernsehgerät nicht mehr im Wohnzimmer stand, meinte ich: ›Ich soll für euch reiche Männer aushorchen und dann sehen die bei mir einen Schwarzweißfernseher. Glaubst du im Ernst, Genosse, das macht Eindruck? Das ist doch mehr als peinlich, ich habe das Ding letzte Woche verkauft.‹ Daraufhin verließ er wortlos die Wohnung. Als die Tür hinter ihm zufiel, hatte ich ganz schön Bammel vor den Folgen. Doch alles blieb wie gehabt. ›Noch mal Glück gehabt‹, sagte meine Freundin. ›Aber treibe es nicht auf die Spitze.‹ Also nahm ich mir vor, den nächsten Auftrag ordnungsgemäß auszuführen. Jedenfalls zum Schein. Irgendwas würde mir schon einfallen, da war ich recht zuversichtlich.«

Ein anderes Mal ging es um einen Mann, den man ihr als einen reichen Westberliner Druckereibesitzer mit dem Hang zu sexuellen Abenteuern schilderte. Er wäre dem MfS aufgefallen, weil er verdächtig oft nach Ostberlin einreiste und sich mit einigen Musikern aus der Szene traf:

»Begegnen sollte ich ihm im *Palasthotel*. Als ich in der Lobby saß und mir noch überlegte, wie ich es am besten anstelle, ihn kennenzulernen, lief Wolfgang Lippert an mir vorbei. Dann kam er – jung, gutaussehend und genau mein Typ. Ich stolperte, er fing mich auf und der Anfang war gemacht. Er lud mich zum Essen ein, danach zu einem Cocktail an der Bar. Als ich neben ihm saß und mir sein kerniges Profil betrachtete, habe ich ernsthaft überlegt, mit ihm ins Bett zu gehen. Doch dazu kam es nicht. Als wir vor seinem Zimmer standen, legte er seine Hände auf meine Schultern, lächelte wie ein Lausbub und sah mir lange in die Augen. Ein Blick, der mir durch und durch ging und mich einen Kuss erwarten ließ. Schließlich ließ er mich los und fragte, ob ich ihn wirklich für so blöd halte, dass er nicht wisse, weshalb ich vorhin gestolpert wäre. Er sagte mir auf den Kopf zu, dass ich ein IM sei und ihn aushorchen solle. Ehrlich, mir fiel die Kinnlade runter. Aber er war überhaupt nicht sauer und meinte, die Deppen von der Stasi müssten mal richtig verarscht werden. Sie gingen ihm mittlerweile tierisch auf die Nerven. Ich wäre nun schon die zweite Frau, die ihn aushorchen sollte. ›Aber wenigstens bist du schöner als die andere‹, sagte er noch. Mir fiel ein Stein vom Herzen und wir beschlossen, uns einen schönen Abend zu machen. Ganz ohne Sex, was ich sehr schade fand. Er erzählte die größten Märchen, weil er davon ausging, dass sein Hotelzimmer verwanzt wäre. Und so war es auch. Wir fanden ein Mikrofon unter dem Bett und machten uns einen Spaß daraus, zu stöhnen und zu keuchen, als hätten wir seit Wochen keinen Sex mehr gehabt.«

Der Rest ist schnell erzählt. Zwei Tage später klingelten zwei fremde Herren an Sandras Tür und machten ihr klar, dass sie in drei Tagen die Wohnung zu verlassen habe.

»Ich bin noch am selben Tag mit meinen Habseligkeiten zu meiner Mutter gezogen. Mein Stasi-Gastspiel war also nur eine kurze Episode in meinem Leben. Ein Vierteljahr später kam die Wende und ich zog in den Westteil der Stadt.«

Doch ganz zu Ende war ihre Geschichte noch nicht. Verschwörerisch legt mir Sandra die Hand auf den Arm und verrät mir noch ein letztes Geheimnis.

»Ein halbes Jahr später begegnete ich ihm zufällig auf dem Ku'damm. Nun rate mal, was dann passierte? Genau! Wir holten das Versäumte nach. Diesmal allerdings in echt.«

Im Laufe meiner Recherchen habe ich festgestellt, dass es mehrere Frauen gab, die sich entweder offen wehrten, als IM zu arbeiten, oder nur so taten und falsche Informationen lieferten.

ZWISCHEN STASI UND PRIVATER LUST
HANNAS SEXABENTEUER

Sie hat eine schicke Wohnung in einem der besten Berliner Bezirke. Steht sie auf der Terrasse, riecht sie den Duft des Grunewalds, geht sie spazieren, genießt sie Ruhe und Natur. Wir sitzen im Wohnzimmer mit Blick auf die offene Küche. Die Espressomaschine surrt und den Kaffee serviert Hanna in einer schwarzen Tasse mit Goldrand. Sie ist wohlhabend und attraktiv und versteht es, die Menschen für sich einzunehmen. Obwohl kein Teenager mehr, strahlt sie noch immer den Elan der Jugend aus. Nach dem Interview mit Sandra hat diese von ihr erzählt und meinte, ich müsse sie unbedingt kennenlernen. Sie wäre eine interessante Frau, gebildet, offen für alles und freundlich. Ein Mensch mit außergewöhnlichen Gaben und bereit, mit mir über seine Vergangenheit zu reden.

Nun sitze ich ihr gegenüber. Hanna, ganz in Schwarz gekleidet, mit dunklen Haaren, dunklen Augen und schwarzer Hornbrille. Schwarz sei schon immer ihre Lieblingsfarbe gewesen. Schon als Kind hätte sie sich geweigert, bunte Klamotten anzuziehen. Hinter ihr im Bücherregal mehrere in Leder gebundene Werke von der Antike bis heute. Platon, Homer, Kant, Schopenhauer und mehrere neuzeitliche Philosophen. Ganz oben im Regal jede Menge Krimis, darunter eine Reihe Taschenbücher von Somerset Maugham, ihrem Lieblingsautor. Daneben das Gemälde einer Frau mit strenger Frisur und noch strengerem Blick.

»Das ist meine Urgroßmutter väterlicherseits«, erklärt sie mir ungefragt, als sie meinen Blick bemerkt. »Sie war eine Frau, die sich alles nahm, von dem sie glaubte, dass es ihr zustünde. Und das waren in erster Linie Männer. Sie war dreimal verheiratet, hatte unzählige Affären, die alle aus Scham und Rücksicht auf den guten Namen unserer Familie verheimlicht wurden.«

Hanna schlägt die schlanken Beine übereinander, lächelt, schließt die Augen und schweigt für einen Moment. Sie ist sich ihrer weiblichen Wirkung sehr wohl bewusst. Ich denke, was sie doch für eine perfekte Schauspielerin ist.

»Wissen Sie, ich glaube, die Frauen meiner Familie haben ein spezielles Gen. Anders kann ich mir das Leben meiner Oma, meiner Mutter und schließlich auch mein eigenes nicht erklären. Männer spielten stets eine große Rolle. Zu DDR-Zeiten hatten wir allerdings keine besonderen Privilegien. Unser thüringischer Gutshof war eine LPG und wir mussten wie alle anderen arbeiten. Irgendwann nach dem Abi, ich glaube es war 1979 oder 1980, bemerkte ich, dass ich beschattet wurde. Wie sich später herausstellte, hatten sich die Herren keine Mühe gegeben, unerkannt zu bleiben. Sie wollten mich provozieren und für Mielkes Dienst anwerben. Ich war das, was man ein lockeres Mädel nannte. Mit vierzehn den ersten Sex mit dem Sohn meines Biologielehrers. Das Pech war nur, dass uns seine Mutter überraschte. Als hundertprozentige SED-Frau meldete sie uns beim Jugendamt. Stellen Sie sich das mal vor. Die Mutter verpfeift ihren eigenen Sohn. Doch es gab keine Konsequenzen, lediglich eine Ermahnung, uns ab jetzt im Sinne der sozialistischen Moral zu benehmen. Als ich kurz nach dem Abi bei einer Polizeirazzia im *Cafe Moskau* aufgegriffen wurde, ging die Meldung offensichtlich gleich ans MfS weiter. Von diesem Augenblick an begann eine neue Überwachung. Als aufmüpfige junge Frau fand ich das total spannend und machte deshalb auch kein Hehl aus meinen wechselnden sexuellen Abenteuern.«

Nach acht Monaten Observierung wurde Hanna in die Normannenstraße bestellt und befragt. Zweiter Stock, Zimmer 204.

»Ich kann mich noch gut an das schmucklose Büro erinnern. Hässliche Tapete, abgeschabte Dielen, schmutzige Fensterscheiben. Aber Honeckers Bild über dem Schreibtisch des Mannes, der sich als Schmidt mit ›dt‹ vorstellte. Er hatte eine hohe Stirn, stand also kurz vor einer Vollglatze. Ansonsten war er freundlich und vermittelte mir den Eindruck, dass er es gut mit mir meine. Eine Stunde lang palaverte er mein Liebesleben rauf und runter. Ich war erstaunt, was der alles wusste. Sogar meine sexuellen Vorlieben ließ er nicht aus. Im Stillen dachte ich, soll er doch wissen, dass ich mich gerne oral befriedigen lasse und Sex im Strandkorb eine aufregende Angelegenheit ist – besonders in der Hochsaison am überfüllten Strand. Als er mich darauf ansprach, dass ich keiner regelmäßigen Arbeit nachginge und mich damit strafbar mache, klang es für mich wie eine Drohung. Zum Schluss packte er seinen größten Trumpf aus. Ihm sei zu Ohren gekommen, ich würde mich hin und wieder für meine sexuellen Dienste bezahlen lassen. Er schüttelte verständnislos den Kopf. Dann fragte er mich väterlich, ob ich nicht das Gefühl hätte, ein antisozialistisches Leben zu führen. Schließlich gebe es doch den Paragrafen 249. Da ich nicht wusste, was dieser Paragraf bedeutet, erklärte er mir in kurzen Worten, worum es ging. Das tat er mit erhobenem Zeigefinger, so wie mein Russischlehrer, wenn ich mal wieder keine Vokabeln gelernt hatte. Kurz danach lächelte er jedoch gütig und meinte, er könne, wenn ich es wolle, darauf Einfluss nehmen, dass ich nicht wegen asozialen Verhaltens bestraft werde. So weit müsse es doch nun wirklich nicht kommen. Ich könne mich reuig und, so drückte er sich aus, unserem Staat gegenüber solidarisch zeigen. Ich war nicht naiv, doch das, was er mir dann anbot, verschlug mir die Sprache. Das MfS interessiere sich für einen meiner Liebhaber, rückte er mit der Sprache heraus. Fredi aus Westberlin, den ich in der *Sinus-Bar* im *Palasthotel* kennengelernt hatte. Schlank, Mitte fünfzig, Anzug, Krawatte und Einstecktuch vom Feinsten. Ein Gentleman von den schneeweißen Haaren bis zu den italienischen Maßschuhen. Man könne mein asoziales Verhalten vergessen, wenn ich bereit wäre, es wiedergutzumachen, schlug Schmidt mit ›dt‹ vor. Fredi L. war für das MfS interessant, weil er einer Gruppe von CDU-Wirtschaftsleuten angehörte. Mit anderen Worten, ich sollte weiterhin mit Fredi ins Bett gehen, ihn dabei aushorchen und dem MfS Bericht erstatten.«

Als Hanna mit einer Freundin darüber sprach, gab die ihr den Rat, auf das Angebot einzugehen. Mitzumachen, um nicht aufzufallen und im Knast zu landen.

»Doch ich hatte mich schon längst entschieden und ihre Antwort war nur die letzte Bestätigung meines eigenen Entschlusses. Ich war neunzehn, neugierig, abenteuerlustig und Sex bedeutete mir viel. Dass ich attraktiv war, wusste ich seit der Jugendweihe. In der Schule liefen mir die Jungs hinterher, luden mich ins Kino oder zum Eisessen ein. Oder sie wollten mir bei den Schularbeiten helfen. Dabei war ich die Beste in der Klasse. Mit fünfzehn wusste ich bereits, wie schnell und leicht Männer zu manipulieren sind. Ich will damit allerdings nicht sagen, dass Männer immer Opfer weiblicher Verführung sind.«

Hanna zeigt mir ein blasses Farbfoto, auf dem sie ungefähr sechzehn ist, aufgenommen im Strandbad Müggelsee. Schlank, lange Beine, schwarzer Bikini, in die Kamera lächelnd. Ein Blickfang für jeden Mann. Auf der Rückseite des Bildes hatte ihr ein Horst ewige Treue geschworen. Ich frage sie, ob besagter Horst der Mann mit dem Strandkorbsex gewesen ist. Statt zu antworten, schiebt sie die dunkle Hornbrille auf die Nasenspitze und meint, ich sei ein schlaues Kerlchen.

Beim zweiten Treffen in der Normannenstraße unterschrieb Hanna die Verpflichtungserklärung und wurde zum IM »Rosa«.

»Wenn ich heute an die Zeit zurückdenke, sehe ich eine junge Frau, die statt ihres Verstandes ihren Körper einsetzte. Aber wie gesagt: Ich war neugierig und wollte das Leben genießen. Schmidt mit ›dt‹ bot mir ein Studium an der Hochschule für Ökonomie ›Bruno Leuschner‹ in Karlshorst an. Ich hatte mich ein halbes Jahr vor dem Abitur dort selbst beworben und war abgelehnt worden. Studieren sollten in erster Linie nur Arbeiterkinder und keine mit adliger Abstammung.

Gesagt hatte mir das allerdings niemand. Man lehnte mich als nicht geeignet ab. Dank Schmidt und seiner Stasi-Clique erlebte ich, was plötzlich alles möglich war. Erst als zu dumm abgelehnt, dann mit offenen Armen empfangen.«

Für heute hat Hanna genug. Sie ist müde und bittet mich zu gehen. Das Erzählen habe sie mehr mitgenommen, als gedacht. Sie brauche jetzt Ruhe und werde mich in den nächsten Tagen anrufen. Schade, denke ich und hoffe, Hanna würde ihr Versprechen einhalten. Dann fahre ich ins Stasi-Unterlagen-Archiv in die Karl-Liebknecht-Straße, um weiter zu recherchieren.

Vier Tage später klingelt mein Handy. Hanna schlägt mir für den nächsten Tag ein Treffen in der *Seerose*, einem vegetarischen Restaurant am U-Bahnhof Südstern vor. Pünktlich um halb eins betritt sie das Restaurant. Schwarze Jeans, schwarze Turnschuhe, schwarze Lederjacke und schwarze Strickmütze. Ich mache ihr ein Kompliment, für das sie sich bedankt wie ein artiges Kind. Nachdem wir schweigend überbackenen Blumenkohl und Bratlinge gegessen haben, fängt sie an zu reden. Sie hat sich genau bemerkt, an welcher Stelle sie vor ein paar Tagen aufgehört hat.

»Ich hatte nun dank der Stasi einen Studienplatz, habe mich allerdings nur selten in der Hochschule blicken lassen. Für mich war die Einschreibung lediglich eine Formsache. Betriebslehre, Finanzplanung und die Geschichte der Arbeiterbewegung haben mich im Gegensatz zu Männern wenig interessiert«, lacht Hanna. Sie erzählt von den vierzehntäglichen Treffen mit ihrem Führungsoffizier, den ihr Schmidt beim dritten Treffen in der Zentrale vorgestellt hatte.

»Ein unscheinbarer Mann vom Typ Tapetenverkäufer. Ich habe ihn von Anfang an nicht für voll genommen. Tat aber so, als hänge mein Leben von ihm ab. Ich muss meine Rolle gut gespielt haben, denn er ging voll drauf ein und genoss die Macht, von der er glaubte, sie über mich zu haben. Die Treffen fanden stets an einem Dienstag statt. In einem Haus in der Treskowallee, nahe der Hochschule. Es war eine karg eingerichtete Wohnung im ersten Stock des Vorderhauses. Ein Sofa, zwei Sessel, ein Couchtisch, der wackelte. Die Wände waren kahl, im Bücherregal ein paar Bände von Lenin, Trotzki und anderen sozialistischen Größen. Die Stehlampe schien mir weniger als Beleuchtung denn zur Tarnung eines Mikrofons zu dienen. Beweisen kann ich das nicht. Aber wenn ich bewusst leise sprach, forderte mich mein Gegenüber stets auf, lauter zu reden, da er Hörprobleme hätte. Auf dem gleichen Podest wohnte eine Familie mit drei lärmenden Kindern, die mich nervten. Wir trafen uns von vierzehn bis fünfzehn Uhr. Egal wie viel oder wie wenig ich zu erzählen hatte, es blieb immer bei einer vollen Stunde. Beim dritten Treffen wollte ich ihn eigentlich verführen. Doch erstens kotzten mich sein ganzes sozialistisches Gerede und seine Treue zur Republik an und zweitens war er nicht der Typ Mann, von dem ich mir guten Sex erhoffen konnte. Und drittens schien mir die Sache zu heiß; ich wusste nicht, ob mir der Versuch negativ ausgelegt werden würde. Also ließ ich es sein.«

Der erste Auftrag als IM »Rosa« hieß: Alles über Fredi herauszufinden. War er verheiratet? Welche Aufgaben hatte er innerhalb der Partei? Wie waren seine Aufstiegschancen in der CDU? Das MfS wollte Fredis Schwachstellen wissen, um ihn eventuell unter Druck setzen zu können.

»Ich sollte mir Zeit lassen, nichts überstürzen und meine Fragen in homöopathischen Dosen stellen. Nicht auffallen, hieß die Devise. Da mir Fredi sympathisch und inzwischen fast zu einem guten Freund geworden war, war mir das langsame Vorgehen nur recht. Nach den ersten Treffen, die immer in seinem Hotelzimmer stattfanden und bei denen wir ohne viel zu reden im Bett landeten, änderte sich sein Verhalten. Er lud mich zum Essen ein, wir gingen im Treptower Park spazieren und besuchten den Fernsehturm. Beim Blick über das nächtliche Berlin griff er nach meiner Hand und drückte sie. Ich spürte, dass er sich in mich verliebt hatte. In diesem Moment bekam ich ein schlechtes Gewissen. War ich skrupellos und egoistisch? Doch sofort verdrängte ich den Gedanken wieder.«

Die Person Hanna hatte ein schlechtes Gewissen, doch als IM »Rosa« hatte sie eine Aufgabe zu erfüllen. Es war ein stetiger Kampf zwischen Verliebtheit und ihrer Aufgabe dem Staat gegenüber.

»Auch mein Gefühl ihm gegenüber hatte sich verändert. Mit ihm konnte ich über alles reden, und genau das belastete mich. Bei ihm fühlte ich mich wohl und geborgen, liebte seine unkomplizierte Art, genoss seine zärtlichen Hände und seinen Einfallsreichtum beim Sex. Wir liebten uns an den ungewöhnlichsten Orten. Einmal sogar im strömenden Regen vor dem Maxim-Gorki-Theater. Dass wir danach klitschnass waren, störte uns nicht. Eine halbe Stunde später wärmten wir uns in der Badewanne seines Hotelzimmers wieder auf.«

Von nun an berichtete Hanna alias IM »Rosa« ihrem Führungsoffizier allerlei unwichtige Details über Fredi. Sie »verriet«, dass er Steaks mochte, die er aus Westberlin mitbrachte und die sie in ihrer Küche briet. Medium, wie er es liebte. Dass er gern Rotkäppchen-Sekt trank und Sodbrennen nach Eierpfannkuchen bekam. Natürlich wusste sie, dass sie damit auf Dauer nicht durchkam. Also erzählte sie auch, dass Fredi auch mal einen Joint rauchte, während seine Ehefrau auf der Karriereleiter Sprosse für Sprosse nach oben kletterte. Als Anwältin für Wirtschaftsrecht war auch sie für Mielke interessant. Zwischendurch noch ein paar Brocken über die Machtkämpfe innerhalb der CDU.

»Er hatte mir jede Menge Details verraten, aber ich brachte es nicht fertig, sie an den ›Tapetenverkäufer‹ weiterzugeben. Ich behauptete, dass Fredi eher ein schweigsamer Mann sei, nicht viel über sich selbst rede und dass ich deshalb nicht mehr Infos hätte. Er meinte, entweder lüge ich oder ich gebe mir zu wenig Mühe. Schließlich hätte ich doch eine Menge Erfahrung mit Männern gesammelt. Irgendwie verstand ich seine Worte als Drohung.«

Hannas Gefühl bestätigte sich eine Woche später. Als sie nach Hause kam, waren einige Bücher im Regal verrückt, und die Steinglasleuchte, die ihr Fredi geschenkt hatte, stand nicht an der Stelle, an der sie vorher gewesen war.

»Mir wäre das nie aufgefallen, hätte ich nicht ein bestimmtes Buch gesucht. Ich wagte es auch nicht, die Lampe genauer zu untersuchen. Doch ich war mir sicher, dass ich abgehört wurde.«

Das nächste Treffen mit Fredi verlegte Hanna mit der Begründung, sie hätte einen Wasserschaden, in sein Hotel. In Wahrheit wollte sie Zeit gewinnen, um eine Entscheidung zu treffen. Deshalb passte es ihr gut in den Kram, dass Fredi für zehn Tage in die Dominikanische Republik flog, um mit dem dortigen Wirtschaftsminister und verschiedenen Firmen über eine Zusammenarbeit zu verhandeln. Als er zurückkam und sich noch am selben Tag mit ihr treffen wollte, war ihre Entscheidung gefallen.

»Wir trafen uns im *Cafe Moskau*, wo ich ihm ohne lange zu zögern die Wahrheit sagte. Ich hatte ziemlichen Bammel, ich wusste schließlich nicht, wie er reagieren würde, wenn er erführe, dass ich ihn bespitzeln soll. Fredi schwieg, stand auf und verschwand auf dem Klo. Am liebsten wäre ich hinterhergerannt. Doch ich blieb wie festgeklebt auf meinem Stuhl sitzen. Nach einigen Minuten sah ich ihn aus der Toilette kommen und ohne mich anzuschauen das Café verlassen. Es war das letzte Mal, dass ich ihn gesehen habe.«

Zusätzlich musste Hanna ihrem Führungsoffizier nun auch noch erklären, weshalb sich Fredi nicht mehr blicken ließ. Die Wahrheit kam nicht in Frage. Damit hätte sie sich ein Eigentor geschossen. Also erfand sie einen heftigen Streit, der sogar mit einer Ohrfeige von ihr endete.

»Tapete war sauer, machte mir jede Menge Vorwürfe. Aber er glaubte mir. Von nun an hatte ich vor ihm Ruhe.«

Obwohl sie traurig über Fredis Verschwinden war, ging für Hanna die Welt nicht unter. Sie hatte sich an das luxuriöse Leben gewöhnt. Sie vermisste das Westgeld, das sie eins zu zehn umtauschen konnte oder mit dem sie im Intershop schicke Klamotten kaufen konnte. Also setzte sie sich wieder an die Bar des *Palasthotels* und hatte gleich am ersten Abend eine neue Bekanntschaft. Wieder ein Mann aus dem Westen und wieder ein Politiker. Diesmal von der FDP. Allerdings einer aus der dritten Reihe.

»Das hatte den Vorteil, dass die Stasi nicht gleich wieder auf der Matte stand. Aber ich fühlte mich zum ersten Mal als Prostituierte. Hatte ich bei Fredi immer das Gefühl, dass nicht nur Geld im Spiel war, war es bei Jürgen ausschließlich das Finanzielle. Fredi hatte mir die zweihundert Mark diskret unter das Kopfkissen geschoben oder auch mal drei Scheine, wenn er länger blieb. Mit Jürgen dagegen machte ich vorher einen Stundenpreis aus. Ich verlangte zweihundert, er bot hundert. Schließlich drückte er mir hundertvierzig in die Hand. Im Gegensatz zu Fredi war er nicht besonders diskret, so dass auch andere die Geldübergabe mitbekamen. *Du Arsch,* dachte ich, *jetzt weiß hier jeder, dass ich eine Nutte bin.* Nach drei oder vier Treffen pfiff ich auf sein Geld und ignorierte ihn. Ich wollte mich nicht auf diesem billigen Niveau demütigen lassen.«

Kurz danach, Hanna glaubt, es müsse im Frühjahr 1984 gewesen sein, bot ihr eine Kollegin aus der *Sinus-Bar* eine Mitfahrgelegenheit zur Leipziger Messe an. Sie schwärmte von den reichen Männern aus dem Westen und von den guten Verdienstmöglichkeiten. Allerdings müssten sie auf der Straße stehen und Sex im Auto oder im Hotel machen.

»Das war zwar nicht unbedingt mein Ding, aber da ich noch nie auf einem Straßenstrich gearbeitet hatte, siegte meine Neugier und ich fuhr mit. Lotte hatte einen Trabi und bereits zehn Tage vor dem offiziellen Messebeginn waren wir in der Stadt der Sünde, wie Lotte Leipzig nannte. Die Handwerker an den Messeständen und die Repräsentanten der meisten Firmen waren ebenfalls schon da und suchten nach einem anstrengen Arbeitstag ein wenig Abwechslung. Sie hatte für uns ein Doppelzimmer im Interhotel *Am Ring* organisiert und am selben Abend hatte ich meinen ersten Gast auf dem Autostrich in der Nordstraße. Ein Mercedesfahrer mit einem fürchterlichen Dialekt. Er kam aus der Steiermark, und angeblich war ich die erste Prostituierte, die er besuchte. ›Na, dann werde ich es dir besonders gut machen‹, meinte ich und dachte: *Noch so ein Verklemmter, der nicht zugeben kann, eine Frau zu bezahlen.* Übrigens, im Laufe der Zeit habe ich nur selten einen Mann getroffen, der das zugab. Für die Autonummer verlangte ich von dem Österreicher achtzig Mark West. Den Preis hatten Lotte und ich vorher festgelegt. Für eine Stunde im Hotel hatten wir zweihundert ausgemacht. Lotte meinte, das läge zwar im oberen Bereich, aber schließlich wären wir recht attraktiv. Außerdem hatte Lotte noch ein weiteres Liebesnest von ihrer letzten Leipzig-Reise in petto. Die Wohnung eines Studenten, dessen Eltern die unruhigen Messezeiten grundsätzlich auf ihrer Datsche verbrachten. Für eine Stunde verlangte er zwanzig Mark und ging spazieren, während wir im Bett seiner Eltern vögelten.«

Nach vier Tagen war alles vorbei. Zwei Herren, korrekt gekleidet in Anzug und Krawatte, baten Hanna mitzukommen. Allerdings nicht ins Hotelzimmer, sondern zur Vernehmung in die Polizeistation am Hauptbahnhof. Nun begann für Hanna das schon bekannte Spiel. Paragraf 249 und das Argument Wiedergutmachung wurden aus dem Ärmel gezogen und ihr wurde mit Untersuchungshaft gedroht.

»Ich entschied mich also ein zweites Mal für die Zusammenarbeit mit dem MfS. Besonders wohl fühlte ich mich dabei allerdings nicht. Man unterbreitete mir das Angebot, direkt auf dem Messegelände zu arbeiten. Mir blieb nichts anderes übrig, als mitzuspielen. Zumal sie Lotte ebenfalls am Wickel hatten und wir schon in Berlin ausgemacht hatten, lieber mit dem MfS zusammenzuarbeiten als in den Knast zu wandern.«

Hanna bekam einen Messeausweis mit Passbild und einen Job als Hostess in der Abteilung für Journalistenbetreuung. In einem dreitägigen Crashkurs lernte sie die Bedeutung der internationalen Leipziger Messe kennen, die zur Förderung des internationalen Handels und dem wissenschaftlichen und technischen Austausch diente. Die Messe hatte eine mehr als achthundertjährige Tradition und galt mit rund sechshunderttausend Besuchern jährlich als Zentrum des

Ost-West-Handels und als Aushängeschild der DDR. Die Messe lockte aber nicht nur Möbelhersteller und Maschinenbauer an. Frauen aus allen Teilen der DDR reisten an, um sich Westmark, Dollar oder englische Pfund zu verdienen. Die Hälfte davon ging professionell anschaffen, die anderen fünfzig Prozent waren Arbeiterinnen, Angestellte und Studentinnen, die sich nebenbei ein wenig Geld verdienen wollten. Zu keiner Zeit des Jahres waren die Krankschreibungen weiblicher Mitarbeiter so hoch wie während der Leipziger Frühjahrs- und Herbstmessen.

»Meine Aufgabe war es, westdeutsche Journalisten über das Messegelände zu führen, Fragen zu beantworten und Kontakte zu DDR-Ausstellern zu vermitteln. Wobei ich die Filmfabrik ORWO, die Leunawerke und das Kombinat Robotron besonders hervorheben sollte. Man drückte mir auch eine Kamera in die Hand, mit der ich ›Erinnerungsfotos‹ für die Journalisten machen sollte. Dass die Bilder im Archiv des MfS landen würden, lag klar auf der Hand. Einen Tag vor der Eröffnung drückte mir ein Leutnant, dessen Namen ich vergessen habe, eine Liste der akkreditierten Journalisten in die Hand. Zwei Namen waren mit einem Häkchen versehen und meine Aufgabe war es, mich um die beiden in besonderer Weise zu kümmern. Einer kam aus Berlin, der andere aus Düsseldorf. Zu beiden erhielt ich ein Dossier mit den wichtigsten Daten.«

Beide waren verheiratet und weiblichen Reizen nicht abgeneigt. Der Düsseldorfer arbeitete bei einem Managermagazin und seine Verbindungen reichten bis hinauf ins Wirtschaftsministerium. Er lebte auf großem Fuß und schmiss das Geld regelrecht zum Fenster hinaus. Das meiste ging für seine Frauengeschichten drauf, von denen seine Frau nichts ahnte. Der Berliner verfügte über gute Verbindungen zum Senat und war hochverschuldet.

»Bei Klaus W. aus Berlin war ich chancenlos. Denn was im Dossier nicht vermerkt war: Er stand auf stramme Damen mit übergroßer Oberweite. Ich merkte es gleich am ersten Tag, als er sich an die Bedienung im Pressecenter ranschmiss. Rudi aus Düsseldorf dagegen hatte sofort ein Auge auf mich geworfen. *Aber hallo, junger Freund,* dachte ich, *mich kriegst du nicht so schnell rum. Bei mir musst du dir Mühe geben, dann ist es nachher umso schöner.«*

Hanna begann ein gewagtes Spiel. Einerseits gefiel er ihr und sie wollte mit ihm ins Bett. Andererseits wollte sie ihn zappeln lassen, um nicht als leichtes Mädchen aufzufallen. Allerdings nicht zu lange, denn die Zeit war knapp. Ihr war klar, dass jeder Mann, der beruflich zur Messe kam, wusste, dass es hier jede Menge Frauen gab, die im Auftrag der Stasi arbeiteten.

»Zum Glück war Rudi ein gutaussehender Mann Mitte fünfzig. Und weil ich schon immer auf ältere Männer stand, musste ich mich nicht groß verstellen, um meine Aufgabe bei ihm zu erfüllen. Ich führte ihn über das Gelände, erklärte ihm dies und jenes, blieb aber auf Distanz. Als seine Schulter wie absichtslos meine berührte, trat ich einen Schritt zur Seite. Ehrlich gesagt, das Spiel machte mir verdammt viel Spaß. Wenn er näher kam, ging ich einen Schritt zur Seite, wenn er mich anlächelte, blieb ich ernst. Seine Anstrengungen waren enorm. Am nächsten Tag schenkte er mir eine Margerite, die er an einem Stand geklaut hatte. Seine Bemerkung, er wäre für mich kriminell geworden, fand ich echt süß. Ich legte meine Hand auf seinen Arm und schaute ihm in die Augen. Das Hin- und Herspiel war beendet. Ich hatte gewonnen und ihn an der Angel. Von nun an ließ ich ihm das Gefühl, mich zu erobern und zu verführen.«

Rudi lud sie noch am selben Abend zum Essen ein. Im Hotel *Merkur* könne man vorzüglich essen und den Abend an der Bar gemütlich ausklingen lassen. Dass er zufällig in diesem Hotel wohnte, erwähnte er nicht. Doch Hanna war darüber längst informiert. Nach Zanderfilet mit Rosmarinkartoffeln kam es, wie es kommen sollte. Statt an der Bar zu sitzen, wurde der Champagner im Bett seines Zimmers getrunken.

»Dass sein Zimmer präpariert war und wir die ganze Nacht abgehört und fotografiert wurden, wusste ich zu diesem Zeitpunkt selbst nicht. Horch und Guck waren schwer aktiv. Erst als ich vor ein paar Jahren Einblick in meine Stasi-Unterlagen nahm, sah ich Fotos, die in jedem Pornoheft auf Seite eins

Besucher der Leipziger Frühjahrsmesse 1989 konnten am Kiosk neben Stadtplänen und sozialistischer Literatur auch Pin-up-Fotos erwerben.

hätten abgebildet werden können. Ich saß auf ihm drauf, er von hinten, ich beim Oralverkehr. Die Akustik dazu war den Akten nicht zu entnehmen. Ganz ehrlich, ich fand die Fotos super. Ich war ein junges Ding, sah gut aus und die Erinnerungen an diese Zeit will ich überhaupt nicht leugnen. Dass

Rudi damit erpressbar war, lag auf der Hand. Hatte ich damals ein schlechtes Gewissen? Überhaupt nicht. Er war alt genug, um selbst zu denken und die Konsequenzen eines Sexabenteuers in der DDR einzuschätzen. Aber wie so oft denken Männer ... na ja, Sie wissen schon, was ich sagen will. Außerdem hatte er auch jede Menge Spaß mit mir gehabt.«

Hannas nächste Aufgabe war weitaus schwieriger zu bewältigen. Sie sollte Rudi als Spitzel gewinnen. »Aber bitte vorsichtig und mit Einfühlungsvermögen«, gab der Stasi-Leutnant ihr mit auf den Weg. Doch so schwer, wie es aussah, war es letztlich nicht. Einige Abende später hatten ein paar doppelte Whiskeys seine Zunge gelockert.

»Er hatte gehörig einen in der Krone und wollte mit mir schlafen. Doch der Alkohol machte ihm einen Strich durch die Rechnung. Sein bestes Teil versagte und er fing zu jammern an. Ich nehme heute noch an, dass seine temporäre Impotenz der Auslöser für seine Redefreudigkeit war. Ich begriff, dass er sich alles von der Seele reden wollte, und hörte ihm nur zu. In der Redaktion fühle er sich übergangen und nicht mehr so richtig ernst genommen. Seine Frau verstände ihn sowieso schon lange nicht mehr, seine Kinder zögen sich von ihm zurück und so weiter. Doch plötzlich fing er an, von seinen Schulden zu sprechen, wie sie ihn erdrückten und er oft nicht schlafen könne und schweißgebadet aufwache. Ich hielt den Moment für gekommen, ein bisschen nachzuhaken. Für alles gebe es eine Lösung. Ob er sich vorstellen könne, nebenbei Geld zu verdienen, um die Schulden loszuwerden. Obwohl er ziemlich betrunken war, kapierte er, dass ich ihm eine Gelegenheit bot, aus seinem Schuldendilemma rauszukommen. Doch es erschien mir noch zu früh, um ihm ein konkretes Angebot zu machen.«

Danach war Rudi wie vom Erdboden verschluckt. Er kam weder ins Pressecenter noch war er im Hotel. Er sei abgereist, teilte man Hanna mit. Erst drei Tage später ließ er sich wieder auf der Messe blicken.

»Er habe Zeit zum Nachdenken gebraucht, erklärte er mir und dass er wieder im *Merkur* wohne. Wo er die letzten Tage verbracht hatte, verriet er mir nicht. Er müsse dringend mit mir reden, es sei wirklich wichtig, meinte er geheimnisvoll. Als ich sein Hotelzimmer betrat und ihn küssen wollte, trat er einen Schritt zurück. ›Setz dich‹, sagte er und zeigte auf einen der beiden Sessel vor dem Fenster. Er selbst setzte sich mir gegenüber und schaute mich auf eine Weise an, die ich von ihm noch nicht kannte. Mir war ziemlich mulmig zumute. Ich hatte sogar ein bisschen Angst vor dem, was kommen könnte. Er habe über seine Schuldensituation nachgedacht und wolle von mir wissen, was ich mit der Bemerkung, für alles gebe es eine Lösung, gemeint hätte. Ich war erstaunt, dass er sich daran noch erinnern konnte.«

Hanna redete gleich Klartext, verheimlichte nicht, dass das MfS sie auf ihn angesetzt hatte, um ihn zur Mitarbeit zu überreden.

»Das war der Moment, als er zum ersten Mal wieder lächelte: ›Glaubst du etwa, das habe ich nicht geahnt?‹ Am Anfang wäre er sich nicht sicher gewesen, ob sie an seinem Geld oder an seinem Wissen interessiert sei. Weshalb sonst sollte sich eine junge Frau mit einen mehr als dreißig Jahre älteren Mann einlassen? Ich wollte widersprechen, doch er winkte ab. Die Bedingungen hätte er inzwischen schon geklärt. Nun war ich erstaunt und wollte wissen, wie es dazu gekommen wäre. Doch Rudi meinte, das täte jetzt nichts zur Sache und wir sollten uns lieber den schönen Seiten des Lebens zuwenden. Es war die letzte Nacht mit ihm und dabei hatte ich das Gefühl, nicht mehr im Auftrag mit ihm zu schlafen. Klingt vielleicht sentimental. Aber für mich machte das einen großen Unterschied. Ich war in Rudi zwar nicht verliebt, doch Sex ohne Liebe kann auch Spaß machen.«

Rudi wurde im Laufe der nächsten zwei Jahre seine Schulden los und Hanna stand weiterhin dem MfS zur Verfügung. Noch zweimal wurde sie als Pressebetreuerin zur Leipziger Messe geschickt, ohne jedoch Erfolg zu haben.

»Rudi war ein Glücksfall, der sich nicht mehr wiederholte. Das MfS ließ mich danach in Ruhe und ich setzte mich wieder in die *Sinus-Bar* und verdiente bis zur Wende gutes Geld. Danach war Schluss. 1991 lernte ich einen zwanzig Jahre älteren Mann kennen, mit dem ich heute noch zusammen bin. Wir leben zwar in getrennten Wohnungen, aber gerade das ist es, was den Reiz für uns beide ausmacht. Irgendwann habe ich Peter sogar von meiner Vergangenheit erzählt. Das Einzige, was er dazu sagte, war: ›Es war einmal.‹ Danach haben wir nie wieder über das Thema geredet.«

GEFANGEN IN DER TRIPPERBURG
ZWANGSEINWEISUNG WEGEN PROSTITUTION?

Irgendwann fragte ihn Birgit Neumann-Becker, seit 2013 Landesbeauftragte der Stasi-Unterlagen-Behörde Sachsen-Anhalt, ob er Interesse habe, über die geschlossenen Venerologischen Stationen in der DDR zu forschen. Zu dieser Zeit ein ihm unbekanntes Feld, erinnert sich der Medizinhistoriker und -ethiker Florian Steger von der Universität Ulm. »Damals war ich noch Professor an der Uni Halle-Wittenberg und hatte noch nie etwas davon gehört. Ich war skeptisch und wollte erst einmal in Ruhe nachdenken. Ich konnte nicht glauben, dass Frauen zwangsweise auf geschlossene Venerologische Stationen eingewiesen worden waren, obwohl sie in der überwiegenden Mehrzahl keine Geschlechtskrankheit hatten. Das überstieg mein Fassungsvermögen.«

Doch aus dem Unglaublichen wurde bald bittere Wahrheit. Der Universitätsprofessor befragte mehr als hundert Frauen, die in diese »Tripperburgen« zwangseingewiesen worden waren. Viele Historiker sind sogar der Auffassung, dass die DDR-Geschichtsbücher neu geschrieben werden müssen. Es wird wohl noch eine ganze Generation dauern, bis alles aufgearbeitet ist. Da sei noch viel Luft nach oben, meinen sie.

Die Geschichten, die Florian Steger hörte, haben ihn gepackt und noch lange Zeit nachgewirkt. »Die Leidenswege der Frauen haben mich emotional berührt. Nach einem bis zu Dreistundengespräch war ich oftmals erschöpft.«

Um die eigenen Bilder aus dem Kopf zu bekommen, besprach er das Gehörte mit seinem Assistenten und schrieb sich die dunklen Geschichten von der Seele. Auf diese Weise entstanden zwei Bücher zu diesem Thema. Steger wollte nicht nur aufarbeiten, sondern den Frauen auch seine Unterstützung anbieten. Seine Untersuchungen bilden die Grundlage für den Kampf um Rehabilitierung. Manch eine ehemals Zwangseingewiesene hat nach Jahrzehnten der Scham erfolgreich geklagt.

Nach seinen ausführlichen Recherchen stand für Steger fest: Die geschlossenen Venerologischen Stationen waren Teil des politischen Systems der DDR, um unbequeme Frauen zu sozialistischen Bürgerinnen zu erziehen. »Es ging weder um Therapien noch um Hilfe. Frauen, die nicht dem Idealbild des DDR-Systems entsprachen, sollten mit strikten Maßnahmen, die nur Belohnung und Bestrafung kannten, diszipliniert werden. Wie sonst ist es zu erklären, dass nur circa ein Drittel der eingewiesenen Frauen wirklich geschlechtskrank waren, während es auf den Stationen im Westen alle waren?«, sagt Steger.

Je länger er forschte, desto mehr kam ans Tageslicht. Es gab Häuser, da waren die Bestrafungen sogar Teil der Hausordnung. »In Halle mussten Frauen die Nacht auf einem Hocker im Flur verbringen oder bekamen nichts zu essen. Frauen aus Halle an der Saale berichteten mir, dass ihnen die Haare abgeschnitten und die Kleider weggenommen wurden. Sie klagten über brutale Behandlungen durch den Klinikchef, der sie als Dreck und Abschaum bezeichnete. Mädchen wurden bis zu sechs Wochen festgehalten, was medizinisch nicht nötig war.«

Viele der Eingewiesenen hatten auch Angst vor fieberauslösenden Spritzen, die sie »Bomben« nannten. Nicht selten lagen die Frauen danach mehrere Tage apathisch und kaum ansprechbar im Bett.

Der Altersdurchschnitt der »Patienten« lag bei zweiundzwanzig, die jüngsten waren zwölf. Übereinstimmend sagten viele Frauen aus, dass die täglichen gynäkologischen Untersuchungen häufig mit Absicht grob durchgeführt wurden. Es hieß, dies geschehe zu Erziehungszwecken. Auch berichteten einige Frauen, dass ihnen Medikamente verabreicht

wurden, ohne dass sie über die Wirkung der Pillen aufgeklärt worden waren.

Mit einem gängigen Vorurteil räumt Florian Steger allerdings auf: Die Analyse eines Gutteils der Patientinnenakten
der geschlossenen Venerologischen Station Leipzig-Thon-
berg der Jahre 1946 bis 1990 ergab, dass entgegen häufiger
Behauptungen die Zahl der Prostituierten und HwG-Personen unter den Zwangseingewiesenen nur sehr gering ist.

Dass in den Jahren nach dem Zweiten Weltkrieg gegen
Geschlechtskrankheiten streng vorgegangen wurde, war
nicht ungewöhnlich. Man wollte die Zahl der Krankheitsfälle
so klein wie möglich halten. Deshalb wurden in der Sowjetischen Besatzungszone (SBZ) zwischen 1945 und 1947 die
rechtlichen Grundlagen für die Zwangsbehandlung von Ge-
schlechtskranken geschaffen. Doch das sollte lediglich das
allerletzte Mittel für die sein, die eine freiwillige Behandlung
verweigerten. So hieß es auch im Gesetzblatt vom 23. Februar
1961 »Verordnung zur Verhütung und Bekämpfung der Geschlechtskrankheiten«, das dann aber regelmäßig gebrochen
wurde. Überforderte Eltern schoben ihre Kinder ab, schwer-
erziehbare Jugendliche wurden eingewiesen, wenn die Erwachsenen nicht mehr mit ihnen zurechtkamen. Frauen wurden von missgünstigen Nachbarn oder Kollegen als
»HwG-Personen« denunziert, abgeholt und weggesperrt.
Volkspolizei und Stasi verhafteten unbequeme Teenager als
Arbeitsbummelantinnen oder Herumtreiberinnen.

Eine besondere Art der Behandlung gab es in der geschlossenen Venerologischen Station der Klinik in Ber-
lin-Buch: Kosmetiktests. Auf den Rücken der Frauen wurden Lippen- und Kajalstifte auf Allergene getestet. Es gab
Frauen, die auf die Substanzen so allergisch reagierten,
dass sie sich blutig kratzten. Sie wussten, sie waren hier die
Versuchskaninchen und der Willkür der Ärzte ausgesetzt.
Doch gewehrt haben sich nur wenige. Zu groß war die Angst
vor Repressalien.

Ein Schicksal unter vielen ist das von Jutta. Zierlich, dunkle
Haare, braune Augen. Sie war dreizehn und noch Jungfrau.

Sie hatte zwar schon oft an Sex gedacht und war neugierig, wie es sein würde, zum ersten Mal mit einem Jungen zu schlafen. Doch getan hatte sie es noch nie. Die Eltern geschieden, die Mutter überfordert, die Schule fand Jutta blöd und öde. Eine schlechte soziale Prognose. Eines Tages wurde sie als Herumtreiberin am Berliner Alexanderplatz aufgegriffen. Es regnete in Strömen und irgendwie war Jutta froh, im warmen Gewahrsam der Polizeistation zu landen. Doch die Freude war schnell vorbei, als sie in die Venerologische Station der Klinik Buch eingewiesen wurde. »Es war die Hölle«, erzählte sie nach der Wende. Da war sie Mitte vierzig und noch immer traumatisiert.

SEXY LADYS IM »MAGAZIN«
AKTFOTOS, SEX UND PORNOGRAFIE

Und immer lockt das Weib – nackte Frauen waren in der Kunst von jeher ein beliebtes Motiv. Der Akt ist eine der ältesten Möglichkeiten, das zu zeigen, was unter der Kleidung verborgen liegt. Die Skulpturen Rodins, »Die nackte Maja« von Francisco de Goya und Botticellis »Venus« sind weltberühmt. Auch der Berliner Milieumaler Heinrich Zille war mit teils erotisch-freizügigen Zeichnungen und Fotos bekannt geworden und musste sich sogar im Jahr 1925 wegen pornografischer Darstellungen vor dem Stuttgarter Gericht verantworten. Unter der Zeichnung »Modellpause« schrieb er in der Satirezeitschrift *Simplicissimus*: »Bei die Maler's müßt Ihr erst lern versteh'n, was se sag'n. Woll'n se een nackt – dann sag'n se: ›Act‹, mal'n se die Brüste – dann sagen se: ›Büste‹ – und woll'n se den Rücken, wo er hübsch is, dann sagen se ›Kiste‹.«

In der DDR gab es viele Anhänger der erotischen Kunst, auch wenn sie oft anderen Zwecken diente. In den Zeitungen des Arbeiter-und-Bauern-Staats gab es außer ein paar harmlosen Nacktdarstellungen in der Zeitschrift *Das Magazin* nichts Enthüllendes zu sehen. Ein paar aus dem Westen eingeschmuggelte Pornohefte und Sexfilme überwanden den antipornografischen Schutzwall, wurden fleißig kopiert, privat gezeigt und unter der Hand verkauft. Auch in dieser Hinsicht waren DDR-Bürger sehr erfinderisch. Besonders einfallsreiche »Künstler« dehnten das Geschäft dahingehend aus, dass sie private Pornos drehten. Darsteller fanden sie meist in ihrem persönlichen Umfeld. War es zunächst die eigene Ehefrau, stellten sich später auch ihre Freundinnen, der Arbeitskollege aus dem VEB oder der Nachbar als Akteure

Foto: David Hamilton

59

Seite mit Aktbild aus der Zeitschrift *Das Magazin* (Heft 7, Juli 1983)

zur Verfügung. Obwohl die Verbreitung von Pornografie durch den Paragrafen 125 des Strafgesetzbuches verboten war, wurde in den eigenen vier Wänden geknipst, gefilmt und gevögelt. Vor der Kamera ging die Post ab.

In dem Dokumentarfilm *Von Blümchensex und Knetfiguren – Pornografie, made in DDR* aus dem Jahr 2007 zeigen die Autoren Lutz Rentner und Frank Otto Sperlich die Wirklichkeit über Amateurfilmzirkel. Auf volkseigenem Filmmaterial, gedacht für Filme über Arbeitsschutz und Planerfüllung, entstanden nebenbei auch freizügige Sexstreifen. Lagerarbeiter Lutz und Doris, die flotte Blonde vom Fließband, wurden mal eben schnell zu Pornostars und zeigten, was trotz Schutzhelm und Sicherheitsschuhen alles möglich war.

Doch je mehr private Pornozirkel entstanden, desto wachsamer wurden die Augen des Gesetzes. Die Staatssicherheit ließ nichts unversucht, um in der Szene Fuß zu fassen, und schleuste Prostituierte als Spitzel ein. Mit ihrer Hilfe gelang es Anfang der achtziger Jahre, einen Pornoring nach westlichem Vorbild auszuheben. Die beschlagnahmte Kundenkartei war allerdings so brisant, dass es zu keiner Anklage kam. Hohe Funktionäre sind eben auch nur Männer.

Um strafrechtlichen Konsequenzen zu entgehen, hatte ein Trickkameramann eine geniale Idee. Mit bunter Knete formte er Figuren und ließ sie vor seiner Super-8-Kamera zur »Sandmännchen«-Melodie Liebe machen.

Auch bei der NVA wurde kräftig mitgemischt und so mancher Gefreiter stand nicht nur vor seinem Vorgesetzten stramm. In einer sächsischen Kaserne hatte es sich herumgesprochen, dass ein DEFA-Kameramann heimlich Pornos drehe und harte Männer suche. Nach Fahnenappell und Schießtraining standen Nahkampfübungen der angenehmen Art auf dem Programm. An interessierten Frauen soll es nicht gemangelt haben und schweißtreibende Übungen zu zweit waren eine willkommene Abwechslung im Soldatenleben. So fanden Pornoliebhaber in allen Bereichen Gelegenheiten, ihre Filme, die selten mehr als zwölf Minuten lang waren, zu produzieren und an Mann und Frau zu bringen.

Doch auch offizielle Pornografie »made in GDR« soll es gegeben haben. Im Roman *Die Entgleisung* verunglückt auf der Transitstrecke nach Stockholm ein Zug. Aus dem letzten Waggon flattern Pornohefte, gedruckt in der DDR und für den schwedischen Markt. Ein Teil der Pornos macht bei den Anwohnern schnell die Runde. Wie können in einem sozialistischen Staat solche »Schweinereien« entstehen? So weit der 1980 erschienene Roman der Autorin Inge von Wangenheim. Ob nun das Buch oder das Gerücht zuerst da war, ist schwer zu sagen.

Einen lukrativen Verdienst versprachen sich junge Frauen als Aktmodell. Wobei der Begriff »Aktmodell« weitaus seriöser klang als das, was sich vor der Kamera abspielte. Mit Kunst hatte es wenig zu tun. Die Frauen wollten mit ihrem nackten Körper Geld verdienen. Ohne Scham rekelten sie sich auf dem Sofa, saßen mit weit gespreizten Beinen auf dem Küchentisch und lächelten in die Praktica. Dass die meisten Männer weniger zum Fotografieren und mehr zum Gucken kamen, war allen Frauen klar. Die »Fotografen« waren mehr am nackten Fleisch interessiert und die meisten wollten ihre Finger nicht nur am Auslöser lassen. Ein Modell aus Eisenhüttenstadt stellte fest, dass einer ihrer Fotografen noch nicht einmal einen Film in der Kamera hatte.

Als die Volkspolizei von dieser Art Kunst erfuhr, wurden Modelle und Fotografen überprüft. Die Moral im Staat sollte nicht beschädigt werden. Ihr Auftrag lautete: Moralischen Schaden von der DDR im Ausland abzuwehren. Die Ermittlungen waren zeitaufwendig und schwierig. Denn die Grenze zwischen Kunst, Pornografie und den damit verbundenen eventuellen sexuellen Handlungen war schwer zu ziehen und noch schwerer nachzuweisen. Auch das MfS hatte mehr als ein Auge auf diese Szene geworfen, barg sie doch jede Menge Möglichkeiten zur Erpressung. Die Stasi observierte zahlreiche Aktmodelle, die im Verdacht der Prostitution standen. Bei den Befragungen stellte sich heraus, dass es Fotografen gab, die in den Modellwohnungen übernachteten. Abhöranlagen waren schnell installiert und was die Spezialisten hörten, war absolut nicht jugendfrei. Drei der ertappten Frauen gaben aufgrund der lautstarken Beweise ihr Leugnen auf und verpflichteten sich, ihr begangenes Unrecht gegenüber dem Staat wiedergutzumachen. Als IM verrieten sie zahlreiche Männer und ließen sie über die Klinge springen.

Ein Aktmodell war Susanne A. aus Berlin-Marzahn. Als ich sie in einem Café traf, trug sie den rechten Arm in Gips, schien aber keineswegs betrübt über die Behinderung. Ein blöder Unfall, erklärte sie mir zur Begrüßung. Sie sei in der Küche ausgerutscht, aber da sie Linkshänderin sei, wäre alles halb so wild. Ihr vom Wind zerzaustes rot gefärbtes Haar, ließ sie jünger als Mitte fünfzig erscheinen. Sie bestellte sich eine Berliner Weiße mit grünem Schuss und die Lachfältchen um ihre Augen begannen zu tanzen.

»Weißt du, mich nackt ablichten zu lassen, war überhaupt nicht mein Plan gewesen. Ich war zwanzig und auf der Jagd nach Westmark. Jede halbwegs normale Frau wusste, dass Sex dazu eine gute Gelegenheit bot. Also setzte ich mich eines Abends an die Bar des *Palasthotels*. Bevor ich mir etwas zu trinken bestellen konnte, stand schon ein Typ neben mir, legte mir seine Hand auf die Schulter und fragte frech, ob er mir sein Zimmer zeigen dürfe. Ich war noch nie auf den Mund gefallen und selten um eine Antwort verlegen. Aber diese Direktheit verschlug mir doch die Sprache.«

Susanne zog ihren Gipsarm aus der Schlinge und legte ihn entspannt auf den Tisch. Zwei kleine Mädchen am Nebentisch schauten auf die vielen bunten Signaturen und die Herzchen auf dem weißen Arm.

»Du hast aber viele Freunde«, meinte eine von ihnen.

Susanne winkte die beiden heran, reichte ihnen einen roten und einen blauen Stift und schob ihnen den Gipsarm entgegen. Sekunden später hatten sich Julia und Ramona verewigt und zogen hüpfend davon.

»Ich selbst habe keine Kinder, aber ich mag die kleinen Wesen, weil sie so natürlich und noch nicht so verbogen wie wir Alten sind.«

Dann fragte sie mich, wo sie gerade in ihrer Erzählung stehengeblieben war. Doch ohne eine Antwort abzuwarten, fuhr sie fort:

»Der Mann hieß Adam, so wie der Typ aus der Bibel. Er hatte kurze Haare, einen Dreitagebart und einen Ohrring mit

Glitzerstein. Inzwischen hatte ich auch meine Sprache wiedergefunden und wollte ihm nun meinerseits beeindrucken. ›Okay, dann lass uns auf dein Zimmer gehen und ficken.‹ Nun war er es, der schluckte. Aber auch Adam fasste sich schnell und fünfzehn Minuten später tummelten wir uns in seinem Bett. Er war wild und ausdauernd und wir hatten viel Spaß zusammen. ›Wenn der Adam aus der Bibel seine Eva genauso befriedigt hätte wie du mich, hätte die Schlange keine Chance gehabt und wir würden noch heute im Paradies leben‹, flüsterte ich ihm ins Ohr. Ich wollte mich gerade anziehen, als er mich bat, ihm für ein paar Fotos Modell zu stehen. Da ich mich noch nie nackt hatte fotografieren lassen, zögerte ich und fragte, was er mit den Bildern vorhabe. Die Vorstellung, er würde sie in der Öffentlichkeit herumzeigen, war mir unangenehm. Doch mit einem Hunderter konnte er meine Bedenken schnell zerstreuen. Da brauchte ich nicht lange nachzurechnen. Zweihundert für den Sex und einen Hunni für die Fotos. Das macht umgerechnet je nach Kurs zweitausend bis dreitausend Ostmark. *Liebe Susi,* dachte ich, *so kann das locker weitergehen.* Er erzählte, die Fotos erschienen in den Zeitschriften *Sexy* und *Schlüsselloch* und wenn ich Lust hätte, könnten wir öfter Bilder machen. Das ›Fotoshooting‹, wie er es nannte, dauerte eine gute halbe Stunde. Er knipste mich unter der Dusche, vor dem Spiegel und auf dem zerwühlten Bett. Das Ganze war für mich ein großer Spaß und, ehrlich gesagt, es erregte mich sogar, wie ich mich mit offener Scham vor seiner Canon präsentierte.«

Adam, als Aktfotograf in der Bundesrepublik bekannt, war immer auf der Suche nach neuen Mädchen für erotische Zeitschriften. Wie Susanne im Laufe der nächsten Wochen von ihm erfuhr, gab es viele Frauen, die mit Sex und Fotos Geld verdienten. Die meisten von ihnen in Berlin und Leipzig.

»Adam kannte viele Modelle und stellte immer neue Gruppen zusammen. Zwei Mädchen miteinander oder auch mal drei oder vier in seinem Bett im *Palasthotel.* Wir vernetzten uns untereinander und tauschten die Adressen von Fotografen aus. Doch das meiste Geld verdienten wir mit den Ama-

teurknipsern. Aber lass uns nächste Woche weitermachen.
Ich kann dir noch viel zu erzählen.«

Dann käme sie ohne Gips und ich könne sie in ein indisches Restaurant einladen. Susanne erwies als ein Glücksfall für meine Recherchen. Sie kannte sich in der Szene sehr gut aus und war offen, über alles zu reden.

Ich hatte im *Guru*, einem Inder in der Kreuzberger Körtestraße, einen Tisch reserviert. Wir bestellten eine Guru-Platte für zwei Personen, dazu zwei Mango-Lassis. Die Kerze auf dem Tisch und das Bild eines Gurus an der Wand – es war der perfekte Treffpunkt, um ihr zuzuhören. Nach dem Essen erzählte mir Susanne folgende Geschichte:

»Die meisten von uns schlossen Verträge ab, in denen wir uns die Rechte an den Fotos sicherten und dass diese nur zum Privatgebrauch bestimmt waren. Um kein Risiko einzugehen, verdeckten einige bei den DDR-Amateuren oft ihr Gesicht. Die ganz Vorsichtigen unter uns ließen sich die Filme geben und entwickelten die Bilder selbst. Schließlich gaben sie nur die Fotos heraus, auf denen sie nicht zu erkennen waren. Andere machten es wie ich und gaben die Bilder zur Veröffentlichung in ausländischen Medien frei. Dafür verlangten wir auch doppeltes Honorar.«

Weiter erinnerte sich Susanne:

»Rita, eine Kollegin von damals, hatte in verschiedenen Zeitungen und Zeitschriften der Republik inseriert und sich als attraktives und seriöses Modell für Maler, Bildhauer und Fotografen angeboten. Das Merkmal ›seriös‹ hatte sie logischerweise nicht ganz ernst gemeint und nur aus Vorsicht vor der Polizei geschrieben. Alles lief unter Chiffre und sie war erstaunt, wie viele Männer sich meldeten. Noch erstaunlicher war, dass es sich nur um Fotografen handelte und kein einziger Maler oder Bildhauer darunter war. Rita hatte ihre Wohnung in ein kleines Fotostudio umgebaut und mit allerlei Zubehör ausgestattet. Ein paar Plüschtiere auf dem Sofa, das Sandmännchen im Sessel, einen alten Stuhl mit hoher Lehne und ein paar Meter Stoff als Dekoration. Für sich selbst kaufte sie schicke Büstenhalter, Slips und Korsagen. Wie fast alle von uns, ließ Rita sich nicht nur fotografieren, sondern zeigte sich auch sonst nicht prüde.«

Auf meine Frage, was genau unter »nicht prüde« zu verstehen sei, meinte Susanne, ob ich wirklich so naiv wäre und mir nicht denken könne, dass das Fotografieren oft nur das Vorspiel für echten Sex gewesen wäre.

»Jede von uns wusste, wie sie einen Kerl so anmachen konnte, dass die Kamera zum Schluss nur noch hinderlich war. Und das Modeln lief gut. Pro Stunde kassierten wir fünfzig Mark und einen Hunni für eine Stunde Bettgeflüster. Ich war fasziniert von Ritas Geschäftstüchtigkeit. Da ich Rita mochte, schanzte ich ihr hin und wieder auch mal einen meiner Wessis zu. Natürlich lief nicht alles nur nach Plan. Irgendwann standen zwei Männer vom MfS vor ihrer Tür und wollten sie unter Druck setzen. Doch Rita ließ sich nicht wirklich einschüchtern. Zum Schein ging sie darauf ein und unterschrieb eine Verpflichtungserklärung. Doch außer heißer Luft und Märchengeschichten hörte die Stasi nichts von ihr. Dass sie mich total aus allem herausgehalten hat, ist der Grund für unsere immer noch bestehende Freundschaft.«

Susanne konnte also ungestört weitermachen. Adam buchte sie nach wie vor und vermittelte sie auch an Kollegen aus der Bundesrepublik.

»Ich lebte gut, konnte jede Menge Kohle sparen und mein Geschlechtsleben gestaltete sich aufregend. Nur einmal gab es Ärger. Ein Fotograf aus Düsseldorf meckerte an meinen Brüsten herum. Sie wären viel zu klein. Er müsse erst mal Probefotos ohne Honorar machen und sie seinem Auftraggeber zeigen. Als ich mich weigerte und das Hotelzimmer verlassen wollte, schlug er mir ins Gesicht. Da bin ich ausgerastet und habe ihm einen Tritt in die Eier verpasst. Bevor er wieder Luft bekam, war ich bereits im Fahrstuhl.«

Nach dem Dessert verriet mir Susanne die Geschichte einer Frau, deren Namen sie zwar nicht mehr wisse, die aber zu DDR-Zeiten gut im Geschäft war.

»Wir konnten sie alle nicht besonders gut leiden. Sie war schnippisch, eingebildet und prahlte ständig mit ihren neuen Eroberungen. Wir hielten sie für eine Nymphomanin, denn sie konnte den Hals nicht voll genug kriegen. Sie vögelte mit jedem und das rund um die Uhr. Dass sie ein IM war, wussten wir auch. Auch deshalb hielten wir uns von ihr fern. Nach der Wende arbeitete sie in einem Westberliner Nobelbordell und wurde von einem Freier erwürgt und in der Lüneburger Heide verscharrt.«

Zum Abschied drückte mich Susanne und meinte, wenn ich mal ein Model bräuchte, ihre Nummer hätte ich ja.

EINE SÜSSE VERSUCHUNG
HONIGFALLEN

Die Auswahl erfolgte ähnlich wie bei einer Misswahl. Die schönsten Frauen gewannen. Doch die Entscheidung fiel nicht auf einer Bühne vor klatschendem Publikum, sondern im Geheimen. Statt Blumen und Schärpe bekamen die Gewinnerinnen einen Vertrag, der ihnen ein sorgloses Leben in der DDR bescherte. Sie hießen Brigitte, Sarah oder Anna und alle hatten etwas gemeinsam: Spaß am Sex, die Liebe zum Geld, die Treue zum Staat. Man nannte sie »Honigfallen«. Süß und klebrig waren sie und ließen ihr Opfer nicht mehr los.

Vorbild für diese Nachrichtenbeschaffung war der KGB, der zielgerichtet Frauen zu Agentinnen der Liebe ausbildete und sie skrupellos einsetzte. Der KGB nannte sie »Schwalben«. Eine Schwalbe macht zwar noch keinen Sommer, doch sie kann so manchen Mann ins Glück oder Unglück stürzen. Sexeinsätze waren schon immer ein erfolgreiches Mittel der Geheimdienste zur Nachrichtenbeschaffung, in der Wirtschaftsspionage oder zur Erpressung von Politikern und Wissenschaftlern. Sie legten Dossiers über die bevorzugten Sexualpraktiken der Männer an, damit die Agentin seine Wünsche erfüllen konnte. Nicht selten dachten die Männer, sie hätten endlich ihre Traumfrau gefunden. Doch dann war es zu spät. Sie saßen in der Honigfalle. Um ihr Fremdgehen geheim zu halten, ließen sich viele auf eine Zusammenarbeit mit dem sowjetischen Geheimdienst ein.

Mit Erfolg setzte 1929 Stalins GPU eine schöne Frau gegen den in Ungnade gefallenen Geheimdienstler und Trotzkisten Jakow Bljumkin ein: die Agentin Lisa Gorskaja, die ihn verführte und verriet.

Im Januar 1990 staunten die Moskauer, als ihnen Miss KGB von der Titelseite der *Komsomolskaja Prawda* zulächelte. Jung und attraktiv, aber auch gefährlich mit einer Waffe in der Hand. Ihr Name war Katja Majorowa und im Text hieß es:»Sie trägt ihre kugelsichere Weste mit der herausragenden Leichtigkeit eines Pierre-Cardin-Models, aber ist jederzeit in der Lage, ihrem Feind einen tödlichen Karate-Kick an den Kopf zu verpassen.«

In einem Interview erzählte sie:»Ich denke, sie wollten dem KGB ein neues Gesicht geben und zeigen, dass wir keine Monster sind.«

Zwanzig Jahre später wird Anna Chapman in den USA als Teil eines zehnköpfigen Spionagerings verhaftet. Als Agentin »90-60-90« wird sie weltberühmt und posierte in Reizwäsche und Schusswaffe für das Erotikmagazin *Maxim*. Die Tochter eines KGB-Offiziers wusste, wie Männer ticken, und die Erinnerungen ihrer Liebhaber bestätigen das: Anna war eine Granate im Bett! »Heißblütige Augen, schmollende Lippen, lüsterne Blicke«, schrieb die *Washington Post*. Heute lebt Anna in Moskau und ihre TV-Show »Chapmans Geheimnisse« läuft bei RenTV, einem Sender, der einem Putin-Freund gehört. In einer Folge erklärt Anna Wassiljewna Chapman die Kunst des Kartenspiels und dass die CIA mit ihren Agenten das Pokern trainiere. Denn, so sagt die »rothaarige Bestie«, die wirksamste Methode sei der Bluff.

Auch die Hauptverwaltung A (HVA) des MfS vertraute den weiblichen Reizen ihrer IM. Vom großen Bruder UdSSR lernen, hieß Erfolg haben. Ihre Honigfallen wurden zu gefährlichen Waffen im Bett. Turteln statt töten war angesagt.

Sie waren die Mata Haris der DDR. Honigfallen mussten jung, attraktiv und gebildet sein, sich loyal der DDR gegenüber zeigen und Spaß am Verführen haben. Erotische Lockvögel mit Menschenkenntnis, Einfühlungsvermögen und wenig Skrupel. Vorgespielte Liebe war gefragt, echte Liebe eher hinderlich.

Was waren das für Frauen, die Gefühle eiskalt ausnutzten und ihre Liebhaber zum Reden brachten? Sie besaßen ein

Parteibuch, waren nicht vorbestraft und durften auch anderweitig nicht auffällig gewesen sein. Sie waren ledig, liebten Luxus und Sex. Obwohl der sexuelle Kontakt die Grundlage für ihren Einsatz war, machte Vögeln fürs Vaterland nur einen Teil ihrer Beziehung zum Klassenfeind aus. Sie sollten langfristige Freundschaften knüpfen, Freundin, Geliebte und Vertrauensperson werden. Sie sollten ihre Opfer sexuell abhängig machen, Sehnsüchte wecken und ihnen das bieten, wovon diese träumten. Ein Blowjob im Lift, Sex im Auto oder eine lange Nacht voller Zärtlichkeiten. Um all das perfekt zu arrangieren, wurden die Männer vorher oft monatelang ausspioniert und die Agentin über die jeweiligen Vorlieben aufgeklärt.

Exakt diesem Bild entsprach die zweiundzwanzigjährige Martina B. aus Dresden. Als ausgebildete Facharbeiterin für Kinderpflege betreute sie tagsüber Vorschulkinder und sollte sie zu sozialistischen Persönlichkeiten erziehen. Dass sie an sich selbst nicht dieselben Maßstäbe ansetzte, blieb ihrer Umwelt nicht lange verborgen. Häufige Männerbesuche machten die Nachbarn misstrauisch. Schon kurz nach ihrem Einzug in das Haus in der Nähe der Semperoper munkelte man ob ihres Kleidungsstils, mit dem Pelzkragen würde sie sich für sexuelle Dienstleistungen bezahlen lassen. Woher sonst sollten die schönen Schuhe, die exklusiven Kleider und die flotte Lederjacke der jungen Frau stammen? Ein SED-Funktionär aus dem Nachbarhaus informierte den Abschnittsbevollmächtigten, der wenige Tage später an ihrer Tür klingelte. Was er in der Wohnung sah, verstärkte den Verdacht, dass Martina B. deutlich über dem Lebensstandard einer Kindergärtnerin lebte. Farbfernseher der Marke Sony, eine Stereoanlage desselben Herstellers. Wobei das rote Parteibuch auf dem Sideboard ihn verwirrte. Den ABV umwehte nicht nur der Duft der weiten Welt aus den Parfümflakons im Badezimmer.

Den nächsten Besuch bekam Martina vom MfS. Sie hatte sich schon seelisch auf alle möglichen Strafmaßnahmen vorbereitet. Verlust der Arbeitsstelle, Gerichtsverfahren und eventuell sogar Gefängnis. Sie kamen zu zweit und waren freundlicher, als Martina erwartet hatte. Sie wurde zu ihrer politischen Einstellung befragt und aus welchem Grund sie in die Partei eingetreten wäre.

»Aus Überzeugung«, antwortete Martina. Dann gab sie zu, sich einmal wöchentlich zu prostituieren. Zu Martinas Verwunderung zeigten die Herren in den grauen Anzügen viel Verständnis für ihre Situation. Ihre Angst verschwand und offen berichtete sie über die Nebenverdienste in ihrem Schlafzimmer. Als sie ihr schließlich anboten, das Gespräch in der Bezirksverwaltung weiterzuführen, war die Angst sofort wieder da. War die Freundlichkeit der beiden nur gespielt? Wollte man sie doch festzunehmen? Doch ihre Furcht war unbegründet.

Die »Unterhaltung« fand ein paar Tage später im Zimmer 303 des Hauptquartiers der Stasi in der Bautzner Straße statt. Schmucklos, aber sauber. Das Porträt des Staatsratsvorsitzenden im Rücken des Leutnants, an dessen Namen sie sich nicht mehr erinnert. Der Leutnant würdigte ihre gute Allgemeinbildung, ihre Englischkenntnisse, ihr Interesse an klassischer Musik und Kunst. Dass Martina B. ihre Kleidung selbst entwerfe, zuschneide und nähe, erwähnte er ebenfalls lobend. Das Gespräch dauerte fast zwei Stunden und endete mit ihrem Namen unter einer Verpflichtungserklärung.

Von der Arbeit für eine »Weiterbildungsmaßnahme« freigestellt, wurde sie in psychologischer Gesprächsführung und dem Einsatz von Tonbandgerät und Minikamera geschult. Von nun an durfte sie ihre Männerbekanntschaften nicht mehr selbst aussuchen, sondern die Stasi teilte ihr die Liebhaber zu.

Ihre erste Verabredung hatte sie im Interhotel *Newa* in der Prager Straße, dem vierzehngeschossigen Hotelbau, in den auch Walter Ulbricht, Fidel Castro und Howard Carpendale, Herbert von Karajan und Heino eincheckten. Doch Balázs W. konnte weder singen noch Geige spielen. Er war ein ungarischer Diplomat auf der Durchreise, für den sich das MfS und auch der tschechoslowakische Geheimdienst interessierten.

Die schlanke Martina mit den traurigen Augen und den schwarzen Haaren, die ihr seitlich über die linke Brust fielen, entsprach genau dem bevorzugten Frauenbild des Diplomaten. Jetzt musste nur noch eine Möglichkeit gefunden werden, ihn unauffällig kennenzulernen. Denn auch das gehörte zum Ausbildungsprogramm einer Honigfalle: unaufdringlich sein, niemals den ersten Schritt tun, immer dem Mann das Gefühl geben, er sei der Eroberer.

Die erste Begegnung arrangierte sie im Lift. Sie lächelte. Er lächelte zurück. Das zweite Mal saß sie ihm Restaurant gegenüber. Beide lächelten. Als sie sich abends an der Bar zum dritten Mal begegneten, beschlossen sie, auf diesen Zufall gemeinsam anzustoßen. Wie die Agentin Emma Peel in der britischen Serie »Mit Schirm, Charme und Melone« versuchte auch Martina B., mit ihrer Ausstrahlung zum Erfolg zu kommen. Doch der war mäßig. Wahrscheinlich hatte Balázs den Trick durchschaut, denn auch beim zweiten Treffen war er so verschwiegen wie in der Nacht zuvor. Und als Liebhaber, na ja, da hatte sie auch schon bessere gehabt.

Ein paar Wochen später hatte sie mehr Glück. Ein Düsseldorfer Modeunternehmer war für Verhandlungen in die Hauptstadt gekommen. Er wollte große Teile seiner Produktion in der DDR nähen lassen. Um seine genauen Pläne zu erfahren, kam Martina B. ins Spiel.

Beim ersten Treffen im Ministerium für Außenhandel Unter den Linden wurde sie ihm als Protokollführerin und Schreibkraft zugeteilt. Die Unterredungen erwiesen sich als schwierig und zogen sich länger hin als gedacht. Rudolf T. war nicht nur ein kreativer Kopf, er war auch ein knallharter Geschäftsmann. Es ging um Pfennigbeträge und um schnelle Lieferzeiten. Die DDR wollte auch die Stoffe liefern, was ihr zusätzliche Einnahmen bringen sollte; Rudolf T. dagegen wollte sie in Polen kaufen.

Es war ein zähes Ringen, das schließlich zu zweit an der Bar des Interhotels *Stadt Berlin* endete. An einem trüben Herbsttag im November 1984, doch Kerzenschein, Weißwein und Martinas Anwesenheit zeigten Wirkung. Auch der här-

Das Interhotel *Stadt Berlin* am Alexanderplatz – ein Treffpunkt für Honigfallen

teste Unternehmer ist ein Mann. Und Rudolf T., das wusste Martina, lebte in einer unglücklichen Ehe. Seine zwölf Jahre jüngere Frau betrog ihn mit seinem Geschäftsführer und zeigte seit Monaten kein Interesse mehr an ihrem Mann.

Nach drei Tagen sah der einundfünfzigjährige Unternehmer in Martina nicht nur seine Geliebte, sondern auch ein Model, das seine Kreationen erfolgreich auf westlichen Laufstegen vorführen könne. Außerdem, so stellte er sich vor, würde sie sich auch gut vor der Kamera machen. Für das MfS war die eingefädelte Liaison eine gute Gelegenheit, Interna über die bundesdeutsche Modebranche zu erfahren. Vertrauensselig erzählte Rudolf T. über die Machtkämpfe in der westdeutschen Modeindustrie, zum Beispiel wie Entwürfe, Schnitte und Modezeichnungen verraten und zu Geld gemacht würden. Martina mochte ihn und in solchen Momenten fühlte sie sich ein wenig als Verräterin. Doch ihr Herz schlug in erster Linie für die DDR und so spielte sie ihm weiterhin die große Liebe vor.

Als Rudolf T. den Vorschlag machte, Martina auf den Laufstegen der BRD seine Mode vorführen zu lassen, zog das MfS die Notbremse. Zu gefährlich. Was wäre, wenn sie im »goldenen Westen« bliebe? Martina war sauer und fühlte sich zu Unrecht verdächtigt. Schließlich war sie aus Überzeugung dabei. In einem erneuten Gespräch beruhigte sie der Führungsoffizier und als Kompromiss wurde ein Düsseldorfer Fotograf eingeflogen. Martina vor der Weltzeituhr, auf dem Fernsehturm und im Strandbad Müggelsee. Sogar nach Dresden fuhren sie, die Bilder vor und in der Semperoper gehörten zu ihren Lieblingsmotiven. Und die Stasi stellte ihr in Aussicht, ihr bei weiterhin guter Arbeit in Berlin eine Wohnung einzurichten. Martina und Rudolf T. galten von jetzt an als Paar. Der Unternehmer besaß ein Dauervisum und kam nach Berlin, sooft er konnte. Sie waren ein perfektes Trio: Martina B., Rudolf T. und das MfS, und sie blieben es bis zur Wende. Nach der Wiedervereinigung heiratete sie ihren Führungsoffizier und beendete die Beziehung zu dem westdeutschen Geschäftsmann, der ihren Entschluss nicht verstand und bis zu seinem Tod nicht wusste, welche Aufgabe sie bei ihm hatte erfüllen sollen.

Eine andere Masche, attraktive Frauen für den Geheimdienst zu rekrutieren, waren Aktmodelle. Waren sie erst mal in die

Fänge des MfS geraten, ließen sie sich meist als »Kundschafterinnen des Friedens« gewinnen. Kein Wunder, denn die Alternative hieß Gefängnis. Die Stasi gab im Namen der Frauen Anzeigen in bundesrepublikanischen Zeitungen und Fotozeitschriften auf, worin sie sich als freizügige Aktmodelle oder unter der Rubrik »Bekanntschaften« anboten. Die Zuschriften wurden von der Stasi ausgewertet. Der Maurer, der kaufmännische Angestellte oder der Elektromeister waren weniger interessant als der Physiker, der Beamte im Verteidigungsministerium oder der Chefarzt einer großen Klinik. Um Erfolg zu haben, mietete das MfS in Westberlin zeitweilig zwei Wohnungen. Für das angebliche Aktmodell in der Kreuzberger Hasenheide, für die Damen aus den Kontaktanzeigen im vornehmen Zehlendorf. Damit dem MfS die Mitarbeiterinnen nicht »abhandenkamen«, wurden sie besonders streng überprüft, sie hatten oft Kinder oder pflegebedürftige Eltern, die sie durch Flucht nicht zurücklassen wollten.

Wenn Hobbyfotografen mit ihrer Canon oder Nikon in die Wohnung kamen, ahnten sie nicht, was hinter ihrem Rücken geschah. Doch die installierten Kameras und Mikrofone waren bei jedem Shooting dabei. Interessant für die Stasi waren nur die Fotografen, die außer Knipsen zusätzlich noch Sex wollten. Fünfzig Mark für eine Stunde vor der Kamera, hundertfünfzig Mark für eine Stunde im Bett, in der Badewanne oder im Stehen von hinten. So endete für den einen oder anderen das Abenteuer nicht nur mit einem Orgasmus, sondern auch mit einem zweiten Höhepunkt, und der hieß Erpressung. Doch wirklich Wichtiges kam dabei selten heraus. Ebenso wenig wie bei den Kontaktanzeigen. Nach einem knappen Jahr wurden beide Aktionen wieder eingestellt.

Auch vor der Bespitzelung eigener Leute machte die Stasi nicht halt. In den siebziger Jahren schickte sie mehrere IM in Polizeidirektionen und ließ sogar hohe Beamte im Präsidium am Alexanderplatz überprüfen. Misstrauen war das oberste Gebot. Jeder konnte ein Verräter sein. Der Nachbar, die Klofrau, sogar die beste Freundin oder der eigene Ehemann.

In dem Buch *Prostitution in der DDR* von Steffi Brüning sagt ein IM: »Ich sollte mich an den ranmachen als Geliebte, im Auftrage der Stasi. (...) Das lief alles schon ganz gut an. Dann musste ich immer Berichte erstatten. Die haben die natürlich auch bespitzelt, die Generäle und Oberste. Ich dachte, wenn das einer wüsste – aber ich konnte das niemandem erzählen, niemandem. (...) Das war sehr hart, kein Wunder, dass man Alkoholiker geworden ist.«

Doch nicht nur Frauen wurden vom Geheimdienst geschult. DDR-Agenten wurden als »Romeos« ausgebildet und in die BRD geschickt. Nach allen Regeln der Kunst lernten sie Frauen zu verführen, auszuhorchen oder als Agentinnen für das MfS anzuwerben. Wer denkt da nicht gleich an 007, den Frauenverführer James Bond, der in »Liebesgrüße aus Moskau« die Russin Tatiana Romanova mit Charme und Sex für den britischen Geheimdienst gewinnt.

In einem Belziger Schulungszentrum lernten die Agenten nicht nur Schießen, halsbrecherisches Autofahren, Kampfsport und Observieren. Sie lernten die Anatomie der Frau kennen, man zeigte ihnen, wo der G-Punkt liegt und wie eine Frau am besten zum Orgasmus kommt. Theoretischer Unterricht wurde durch praktische Übungen ergänzt. Die Zielperson am Nebentisch nach Zucker fragen oder sich den Weg nach soundso beschreiben lassen. Und immer Blickkontakt halten, das löse bei Frauen eine starke sexuelle Erregung aus. Mental Abstand halten, aber körperlich Nähe suchen, hieß es in der Ausbildung der Nachwuchs-Romeos.

Die Operation »Romeo« wurde von Markus Wolf mitentwickelt, der vierunddreißig Jahre lang die Hauptabteilung A des MfS leitete und sechsundzwanzig Jahre lang als Mann ohne Gesicht galt, bis er im Juni 1978 bei einem Spaziergang durch Stockholm »abgeschossen« wurde und sein Foto ein Dreivierteljahr später im Hamburger Magazin *Der Spiegel* veröffentlicht wurde.

Einer seiner Kundschafter der Liebe verführte unter dem Decknamen »Wolfi« vier Jahre lang ahnungslose Frauen im Auftrag des Geheimdienstes. In einem Interview erzählte der

Mann, wie er nach seiner Anwerbung im *Kaffee Liebig* in Berlin-Grünau erst nach Prag, dann an Bulgariens Strände geschickt worden war. Wo westdeutsche Frauen Urlaub machten, hatte er mit seinem Charme und seinem guten Aussehen viel Erfolg. Statt mit Pistole reiste er mit Kondomen, einer Brieftasche mit Geheimfach und tausendvierhundert Westmark von Einsatz zu Einsatz.

»Auf keinen Fall durfte aus einer solchen Beziehung ein Kind entstehen. Ich musste detailliert berichten und mein Führungsoffizier wollte wissen, wie viele Kondome ich verbraucht habe. Denn Sex musste sein, und zwar mit Wow-Effekt. Mal im Bett, mal am Strand oder in der Nische einer Tanzbar. Die interessierten sich für intimste Details, bis hin zur Frage, ob es zum Orgasmus kam.«

»Wolfi« erzählte auch, dass bei einigen Frauen auch seinerseits Gefühle entstanden und er in Konflikt mit dem eigentlichen Auftrag kam: »Dann hätte ich mir gewünscht, dass mehr daraus geworden wäre. Doch wenn das MfS sagte: ›Stopp, bis hier und nicht weiter‹, zog ich mich zurück.«

Mit der Zeit schwand »Wolfis« anfängliche Bereitschaft und sein Engagement ließ nach. »Ich merkte, dass es mir nicht das gab, was ich erhofft hatte. Es hatte immer etwas mit Verbotenem zu tun und das kann keinen auf die Dauer glücklich machen. Am Anfang fühlte ich mich geschmeichelt; mit meiner heutigen Erfahrung würde ich das nicht mehr tun.«

Erst viel später erfuhr er, dass auch auf ihn zwei IM angesetzt waren.

Dieter Wähnert, ein in die Jahre gekommener Mann mit Brille und kurzen Haaren, erzählt in der ZDF-Dokumentation »Informationen um jeden Preis« (2017), wie es möglich war, solide Frauen zu Informantinnen zu machen. Wenn er in die Kamera lächelt, kann man sich heute noch gut vorstellen, dass die Frauen auf ihn flogen und in ihm den Traummann sahen. Mit einundzwanzig Jahren schickte ihn die HVA als Agent in die bundesdeutsche Hauptstadt Bonn. Ziel waren die Sekretärinnen im Vorzimmer der Macht. Unverheiratete, einsame Frauen auf der Suche nach etwas Abwechslung in ihrem tristen Leben. Zwischen Kaffee und Erdbeertorte wurden Frauen ausgekundschaftet, ihr Leben und ihre Sehnsüchte ausgespäht.

Um Kontakt zu knüpfen, wurde auch schon mal die Verteilerkappe des Autos der Dame gelockert, so dass der Romeo zum Pannenhelfer wurde. Oder er fand angeblich eine Tasche mit Geld, in der ein Zettel mit der Adresse der Zielperson lag, und klingelte als ehrlicher Finder an ihrer Wohnungstür.

»Mit freundlichem Gesicht und schauspielerischem Talent sagte ich, ich hätte ihre Tasche gefunden. Die natürliche Neugier des Menschen war mir eine große Hilfe und mit dem angeblich gefundenen Geld lud ich sie zum Essen ein.«

Nach seinen persönlichen Einsätzen in Bonn koordinierte Dieter Wähnert später aus der Berliner Normannenstraße die Einsätze aktiver Romeos.

»Es gab Einsätze, die weit übers Ziel hinausschossen und auf die ich heute nicht mehr stolz bin.«

Er schilderte, wie Stasi-Agenten oft schon am Kölner Hauptbahnhof von bundesdeutschen Sicherheitsorganen enttarnt wurden. Sie waren aufgefallen, weil sie meist lange am Zeitungskiosk standen und sich die Titelblätter der nackten Mädchen auf den Illustrierten anschauten ...

Eine von vierunddreißig Frauen, die nachweislich und ohne ihr Wissen auf Romeo-Agenten reingefallen waren, war Gabriele Kliem. Man hatte sie monatelang ausgespäht, bis man ihren Männertyp kannte und ihn zum Einsatz brachte. Das war im Sommer 1977 im Rheinpavillon in Bonn.

»Es kam ein Mann auf mich zu, der aussah wie der absolute Traum meines Lebens, und der stand plötzlich vor mir. Ich hab ihn angeguckt wie ein hypnotisiertes Kaninchen und war von der ersten Sekunde an verliebt gewesen und es zehn Jahre lang geblieben.«

In dieser Zeit wird die Fremdsprachensekretärin der US-Botschaft Tausende von Dokumenten heimlich mit in ihre Wohnung bringen und fotografieren. Ihr Traummann ließ sie glauben, sie tue das für ein Friedensforschungsinstitut in München. Er sprach sogar von Heirat und lebenslangem Glück.

»Einmal standen wir vor einem Schaufenster, und er hob mich hoch. Als wir uns in der Scheibe spiegelten, sagte er, wir sind ein gutes Paar, und ich hätte vor Freude heulen können.« Ihr Glück dauerte zehn Jahre, dann war Gabriele Kliem wieder allein. Sie war aufgeflogen und wurde wegen Landesverrats vor Gericht gestellt. Sie war eine gebrochene Frau ohne Zukunft, arbeitslos, wurde depressiv und hat sich von dieser Beziehung nie wieder erholt.

Doch auch das Leben einiger Romeos forderte seinen Preis. Das ständige Versteckspiel, das Heucheln von Gefühlen und das Doppelleben ließen viele zum Alkohol greifen. Aber es gab auch Romeos, die Gefallen am westlichen Lebensstil fanden und in der Bundesrepublik untertauchten.

Hatte die Stasi eine wichtige Frau an der Angel, so tat sie alles, um Erfolg zu haben. Selbst eine fingierte Heirat war möglich. Rose war Sekretärin beim belgischen Militärattaché in Brüssel. Und als sie 1963 einen dänischen Journalisten kennenlernte, ließ sich die streng gläubige Katholikin auf vorehelichen Sex ein. Der dreiunddreißigjährigen Frau bereitete die Affäre allerdings heftige Gewissensbisse. Sie bestand auf einer Beichte und darauf, dass ihr Freund sie seiner Familie vorstellen müsse.

Mielkes Männer fanden einen Dänisch sprechenden Mitarbeiter und inszenierten in Dänemark eine Familienzusammenführung à la Hollywood. Mit Stasi-Eltern und einer Beichte vor einem Pfarrer in einer gemieteten Kapelle.

Aber auch der Westen profitierte von Agenten in geheimer Missionarsstellung. Einer der spektakulären Einsätze wurde in den fünfziger Jahren von der Organisation Gehlen, der Vorgängerin des Bundesnachrichtendienstes, geleitet. Karl Laurenz, ein gutaussehender fünfzigjähriger Journalist und BRD-Agent, umgarnte Elli Barczatis, die Sekretärin Otto Grotewohls, die ihm aus Liebe Zugang zu geheimen Unterlagen verschaffte. Doch das Paar flog auf und wurde 1955 in Dresden mit dem Fallbeil hingerichtet.

Einen Super-GAU riskierte der Berliner CDU-Politiker Heinrich Lummer, der von 1974 bis 1981 ein Verhältnis mit einer Ostdeutschen pflegte, die unter dem Decknamen »Susanne Rau« für das MfS tätig war. In den Briefen der Stasi an Lummer heißt es:

»Sie selbst haben unsere Beziehungen herbeigeführt und lange Jahre akzeptiert. Neben vielen belebenden Annehmlichkeiten, wie den zahlreichen Theaterbesuchen, Ausflügen und Mußestunden, die Sie als unser Gast erlebten, hatten Sie bei unseren letzten direkten politischen Gesprächen durchaus nicht den Eindruck erweckt, daß Ihnen die Atmosphäre nicht zusagt.«

Als Erinnerung an schöne Stunden schickte ihm das MfS Fotos von geselligen Kneipenrunden, aber auch in zärtlicher Umarmung mit »Susanne Rau«.

ABKÜRZUNGEN

ABV	Abschnittsbevollmächtigter
AR I/U	Arbeitsrichtung Beobachtung innerhalb der Kriminalpolizei
CD-Kennzeichen	*corps diplomatique*-Kennzeichen, Diplomatenkennzeichen
CIA	US-amerikanischer Geheimdienst
FDGB	Freier Deutscher Gewerkschaftsbund
GPU	sowjetische Geheimpolizei, Vorgängerorganisation des KGB
GV	Geschlechtsverkehr
GÜ	Grenzübertritt
HO	Handelsorganisation
HU	Humboldt-Universität zu Berlin
HV A	Hauptverwaltung A; Auslandsnachrichtendienst der DDR
HwG-Person	Person mit häufig wechselndem Geschlechtsverkehr (Stasi-Kürzel)
IH	Interhotel
IKMR	Inoffizieller Kriminalpolizeilicher Mitarbeiter aus Kreisen der Rechtsbrecher
IM	Inoffizieller Mitarbeiter
IME	IM im besonderen Einsatz
IME (S)	IME in Schlüsselposition
IMK	IM zur Sicherung der Konspiration und des Verbindungswesens

IMS	IM zur politisch-operativen Durchdringung und Sicherung des Verantwortungsbereiches; die am häufigsten vorkommende IM-Kategorie
K I	Arbeitsgebiet I der Kriminalpolizei, das eng mit dem MfS zusammenarbeitete
KD	Kreisdienststelle (MfS)
KGB	sowjetischer Geheimdienst
MfS	Ministerium für Staatssicherheit
NSA	nichtsozialistisches Ausland
NSW	nichtsozialistisches Wirtschaftsgebiet
NVA	Nationale Volksarmee
SBZ	Sowjetischen Besatzungszone
SED	Sozialistische Einheitspartei Deutschlands
StGB	Strafgesetzbuch der DDR
VEB	Volkseigener Betrieb
Vopo	Volkspolizei bzw. Volkspolizist
VP	Volkspolizei
VPI	Volkspolizeiinspektion
ZK	Zentralkomitee

LITERATUR

Brüning, Steffi: *Prostitution in der DDR. Eine Untersuchung am Beispiel der Städte Rostock, Berlin und Leipzig von 1968 bis 1989.* Berlin: be.bra wissenschaft verlag, 2020

Falck, Uta: *VEB Bordell. Geschichte der Prostitution in der DDR.* Berlin: Chr. Links Verlag, 1998

Steger, Florian; Schochow, Maximilian: *Disziplinierung durch Medizin: Die geschlossene Venerologische Station in der Poliklinik Mitte in Halle (Saale) 1961 bis 1982.* Halle (Saale): Mitteldeutscher Verlag, 2014

Steger, Florian; Schochow, Maximilian: *Traumatisierung durch politisierte Medizin. Geschlossene Venerologische Stationen in der DDR.* Berlin: Medizinisch Wissenschaftliche Verlagsgesellschaft, 2016

BILDNACHWEIS

S. 33 © Rolf Kremming

S. 47 © Universitätsarchiv Leipzig / UAL_NA_Kuehne_
KB_1991_0391_No28.jpg / Fotograf Armin: Kühne

S. 56 © Fritz Mohr, Berlin

S. 67 © picture alliance / akg-images

S. 80 aus der Broschüre *Liebe, Sex und Paragraphen*,
erschienen 1988 im Staatsverlag der DDR, Archiv Verlag
Bild und Heimat, Berlin

S. 93 © picture alliance / Günter Bratke

S. 97 © Archiv Frank Sorge / Klaus Fischer

S. 105 © Archiv Frank Sorge / Klaus Fischer

S. 110 © picture alliance / ZB / Jürgen Sindermann

S. 113 © Verlag Bild und Heimat, Berlin

S. 118 © Rolf Kremming

S. 121 © Rolf Kremming

S. 128 © Verlag Bild und Heimat, Berlin

S. 139 © Archiv Frank Sorge / Klaus Fischer

S. 156 © Archiv Frank Sorge / Klaus Fischer

S. 173 © picture alliance / dpa / Wolfgang Weihs

S. 182 Foto von David Hamilton aus der Zeitschrift *Das Magazin*, Heft 7, Juli 1983, Archiv Verlag Bild und Heimat, Berlin

S. 196 © Fritz Mohr, Berlin

Es war leider nicht in allen Fällen möglich, die Rechteinhaber zu ermitteln. Berechtigte Ansprüche bleiben gewahrt.